JN219300

高収益企業を創る
「キラー技術開発法」による戦略思考

成熟メーカーの高収益化

経営トップの技術戦略と知財戦略

中村大介 著　Daisuke NAKAMURA

エベレスト出版

まえがき

本書は、ものづくり企業を高収益にする経営者のために書かれた実務書です。

高収益とは価格主導権を持つことです。価格主導権には、商品に独自性があり、かつ、模倣されないことが必要です。そのためには、独自技術の開発と知財の獲得が必須のことです。

独自技術と知財が必要といえば、「そんなことは分かっている」という声が聞こえそうです。しかし、それを実現出来る会社は少なく、低収益に苦しむ経営者は少なくありません。本書ではそうした状態を打開し、今は低収益だったとしても、独自技術と知財により、価格主導権のある経営を実現する方法を解説しています。

本書で提案するものづくり企業の高収益モデルは、独自技術による差異化と知財による参入障壁の構築により価格主導権を獲得するものです。

一見古くて当たり前に思えるこの高収益モデルですが、頭で理解することと実践できることとは違います。自転車の乗り方が理解できても乗れないことがあるのと同じように、理解と実践は違うのです。

高収益モデルを経営者が頭での理解を超えて資源配分できるようになって初めて、会社として実践できるようになります。つまり、独自技術と知財が獲得できるのです。

独自技術と知財の重要性は認めながらも、結局はコスト勝負が現実だとお思いの経営者の方もおられると思います。

確かに一面正しいものの、独自技術と知財の重要性は変わりません。なぜなら、コスト勝負の市場でも低コスト生産の独自技術を作り、競合に模倣されないように知財化する必要があるからです。経営者はそのための資源配分を実現できなければなりません。


本書の想定している読者は主に社長です。技術戦略・知財戦略というのは、社長が考える事ではないと思われるかも知れませんが、ものづくり企業で独自技術と知財をなくして、どうして競争優位になると言うのでしょうか。

独自技術で知財化を実現し、価格主導権を獲得するには、社長にしかできない仕事をしなければなりません。

それは、独自の資源配分です。

最終成果として独自技術と知財が生まれるように仕組むのです。経営資源をどのように配分するのかを最終成果から考える、これが経営者に求められる思考方法です。

本書では、経営者の思考方法に留まらずに研究開発の方法を解説します。その研究開発のやり方を「キラー技術開発法」と言います。キラー技術とは、独自技術で特許などの知財が取得できる技術のことです。

キラー技術開発法は、顧客の顕在課題と潜在課題を明確に区別します。顕在課題に対応しても、独自性もなく知財も取れず、売上は上がっても利益にはならないからです。顕在課題に対応する経営者は少なくありません。それは、潜在課題の把握が大事と頭で分かっていても、実践できていないからです。

この方法は、潜在課題を発見し、解決する技術を予め準備して、もちろん知財を取得します。潜在課題、技術開発、知財取得が連携して効果を発揮します。部門ごとに分断してはいけません。

主体は社員です。社員が潜在課題を発見し、技術開発し、知財を取得するのです。経営者はそれを監督・促進するのです。

実践するには経営者ならではの考え方を体得し、実際に資源投入する必要があります。経営者はその実践を通じて高収益化を体験していくのです。キラー技術開発法では、社内技術を活かしてキラー技術を開発します。社内技術を活かせば、速くでき、速さは独自性へと結実します。なぜなら他社より速く開発に成功すれば、オンリーワンの状態になれ、知財がとれるからです。
社内技術を活かすため、畑違いの努力をする必要はありません。
そう、あなたの会社でも実現出来るのです。

社内の技術資源を活かした新しい技術開発の末に待っているものはなんでしょうか。それは高収益です。ただ、それだけではありません。

本書では、高収益にする仕組みの構築を紹介しますが、仕組みの運用をすることにより、あなたの会社がさらに高収益を期待できる体質に生まれ変わります。一発のヒット商品で終わりではなく、キラー技術を核にしてヒット商品を次々と出し続けられるようになるということです。

ただし、繰り返すようですが、キラー技術開発法の理解と実践は違います。本書では、経営者に求められる思考方法を解説しつつ、できるだけ具体的なことも、記載しました。本書を参考にして理解するだけでなく実践して頂きたいと思っています。

本書を手に取った経営者が、高収益ものづくり企業の経営者として飛躍されることを願っています。

用語解説

本書で使用する用語について、説明しておきます。

【成熟ものづくり企業】産業・企業の歴史が古く、一見するとイノベーションの余地がなく飽和しているように見えるものづくりの会社

【キラー技術】独自のものであって、知財を取得できる技術のこと

【キラー技術開発法】成熟ものづくり企業がキラー技術によって高収益化を実践する方法

【顧客要望】顧客が「欲しい」と言う顕在化したニーズ

【潜在課題】顧客が気付いていない、将来の課題や現在の非効率

キラー技術開発法の見取り図

キラー技術開発法は、顧客の潜在課題の発掘及び深掘りを起点として、潜在課題を独自技術で解決する技術戦略の策定を行い、知財の取得につなげるものです。

営業マーケティング系の部署が中心となり、顧客の（顕在要望ではなく）潜在課題を一覧として、なぜやるべきなのかの深掘りを行います。

次に研究開発系の部署が中心となり、深掘り情報を元にして、潜在課題を解決する独自技術を考案して、実施するべき技術戦略を検討します。

並行して、知財情報を活用して技術戦略としての独自性を確認し、独自性があるものを推進します。また、独自技術の知財化を行います。さらに、単なる知財化ではなく、知財の質を高めるための仕組みの構築を行います。

一言で言えば、顧客の潜在課題を起点として独自技術を開発し知財を取る、となります。このような複数部署での情報の連携をさせるための仕組みを構築するのがポイントです。

※本書では、仕組みの構築や、これに取り組む経営者の心得的な内容を中心に述べていますが、賢明な読者は運用が大事であることに気づかれると思います。

顧客の**潜在課題**を**独自技術**で解決し、**知財**にするのがポイント

部署	キラー技術開発法でのメインミッション	道具
営業	**技術マーケティング** 顧客の潜在課題の発掘、深堀りと情報連携	・潜在課題一覧 ・技術カタログ ・ロードマップ
研究開発	**技術戦略策定** 顧客の潜在課題を解決する独自性の高い技術の創出、及び推進)	・技術の棚卸し ・技術プラットフォーム ・資源一覧
知財	**戦略知財の取得** 質の高い知財取得と利活用の仕組み構築、技術者の人材開発	・知財情報活用マニュアル ・知財の質向上の仕組み ・効率的R&Dを実現する知財法務

もくじ

第2章　低収益ものづくり企業の実態

第4章　高収益化の帝王学を意識しているか

第5章　高収益R＆D・仕組み作りの進め方

第 1 章

常識通りで高収益になると思っていないか？

技術企業の社長に研究開発の参謀が必要な理由

本書執筆の経緯

本書は、成熟メーカーでも、独自技術を創出して知財を取得し、会社全体として粗利50％以上の高収益事業を達成する経営者向けの本です。独自技術の創出と知財を取得済みの新商品により、既存の商品や事業を徐々に入れ替え、高収益化を図っていくことを想定して執筆されています。

本書の特徴は、経営者向けでありながら研究開発と知財に特化した内容であることです。従来、経営者向けの本で研究開発や知財に特化したものは、ほとんどありませんでした。多くは大企業のサラリーマン向けの細かな実務を詳細に解説する専門書で、大局的判断を求められる経営者向けの本ではありません。

本書の想定する読者は、中長期かつ大局的な観点で自社の高収益事業を作り出そうとする経営者であり、主に社長です。実務テクニックや戦術レベルについては、他の専門書に譲り、本書では**経営者が社員や専門家を使いこなしながらどのようにして自社に研究開発の仕組みを作り上げていくか**を解説しています。

経営者が、細かい実務の仕組みを指示するのではなく、しっかりとした方向性を示す。

社員や専門家が細かな仕組み作りの方向性を具現化する。そのような経営改革をする経営者向けの内容です。

この本にまとめようと思ったのは、私が主催するセミナーにご来場いただいた経営者の方が「先生が書いた本はないのですか？」と言われたことがきっかけです。それまで日経クロステックでのコラム、専門誌への寄稿などを通じて自分の知見を発信しており、薄々は書籍にまとめる必要性を感じていました。

ただ、私の身体は一つです。できることには限りがあります。そのため、私の考え方を一冊の本にまとめることにしました。

本書では、経営者のための研究開発と知財について書いていきたいと思っていますが、内容はあくまでも経営者として必要なものを書きます。

最初に、読者であるあなたにお考えいただきたいことがあります。それは、自社資源に関することです。経営者として必要な事項に、人の採用と組織の編制があります。

あなたの会社には、研究開発の専門家と呼べる人がいるでしょうか？

研究開発の専門家がいないことに気付いているか？

一般に、成熟メーカーの経営幹部は日々、営業・調達・生産・品質・物流などのオペレーションを統括する必要があります。必ずしも、研究開発戦略や知財戦略の立案をしている時間などないのです。

要するに、経営幹部は研究開発の戦略立案の専門家ではないのです。研究開発の責任者がいたとしても、顧客要望に対応するための設計や次世代機の開発に追われているケースがほとんどです。戦略立案が出来ているケースは稀です。

よく考えてみてほしいのですが、会社の収益性を高めるのはなんなのでしょうか。営業・調達・生産・品質・物流等の業務が重要であることは認めます。

しかし、**会社の収益性を高めるのは、誰がなんと言おうと、新しい商品です。つまり、研究開発の戦略が大事**だということです。営業・調達・生産・品質・物流等は、高収益な商品が出せてから、の話なのです。

そのため、経営者には研究開発の知見が必要であって、経営者自身が専門家でない場合には絶対に研究開発の専門家が必要なのです。

人には、その人の専門性があります。企業のオーナーが、プロ経営者に経営を任せて、業績を何倍にもしているケースが多々あります。有名なところでは、ミスミ（機械商社）は三枝さん、カルビーは松本さんという経営者によって大きく伸びたとされています。

このように、オーナーは専門家を上手に利用して業績を大きく伸ばすことに成功しています。要するに、オーナーにとって専門家は経営資源です。

研究開発で業績を伸ばそうとすれば、研究開発の専門家を利用すれば良いのです。

あなたの会社でも、人材育成に取り組まれ、既存事業をうまく回すことはできる人が育っているのではないでしょうか。開発、生産、管理等々の分野別の人材に、知識やスキルを研修等で身につけさせ、既存事業はある程度回せる社員や幹部がいると思います。

しかし、研究開発で収益性の向上を目指そうと思った場合に、社員や幹部で、専門家と呼べる人が少ないと思っておられるかも知れません。

社内には任せられる専門家がいないとはいっても、経営者が、実務の細部まで仕組みを作るわけにはいきません。ここに経営者のジレンマがあると思います。

さて、あなたの会社の社員は研究開発の戦略づくりの専門家と言えますか？

社内に専門家がいない場合、専門家を利用するのは経営者の仕事であることを自覚していますか？

世間の常識は疑って当たり前

価格勝負の市場では打つ手が無いと思っていないか？

私のセミナーにはこんな方も来られます。「過去に独自の研究開発を色々とやってみたが、顧客には認められなかった、結局はコスト勝負だから仕方がない」という見方を持つ経営者の方です。

確かに、一理あります。顧客に色々と提案したとしても価格主導権を持てるようにならなければ意味がないと思うのは当然です。

私も同じような経験があります。例えば、コンサルタントとして独立して仕事をする中で、魅力的に聞こえたのが公的機関の仕事の下請けでした。経産省、自治体、その他公的機関からの仕事はボリュームもあり魅力的に見えるのです。当面の売上が見込めたからです。

しかし、こうした仕事の特徴として、いくら提案をしていい仕事をしたとしても、価格は既に決められているということがあります。そのため、価格主導権を持つことは出来ません。さらにお上の仕事は圧倒的な低収益です。

民間での経験もあります。駆け出しの頃の話です。引き合いに対して提案したところ、

「同じような内容で作業量は倍なのに半額でやってくれる別のコンサルタントがいます」と言われたことがありました。

　これらの経験から、結局価格勝負になってしまう状況があることは私も理解できます。しかし同時に、諦めてはいけないとも思うのです。そんな仕事をすれば自由度を奪われ、貧乏暇なしになるからです。


　私は、価格主導権のない経営は好みません。そうした経験のあと、一切そうした仕事には関わらないと決めました。その後、「技術企業の高収益化」を掲げてコンサルティングをしていますが、私よりも安い競合がいるという理由でディスカウント要望を受けたことはありません。こうした経験から、「価格勝負の市場だから打つ手がない」と、経営者が本気で思っているとすれば、それは違うと思います。

　本書で説明するのは、価格勝負の市場しかないと思っている経営者のための戦略です。あなたの会社が今存在するということは、これまで市場の変化に適応するだけの技術を磨いてきたのではないでしょうか。

　そうした技術を活用すれば必ずや価格主導権を取れる経営は実現出来ます。自信を持って、本書を読み進めて欲しいと思います。

世間の常識で経営していて良いのか？

「そういう話は知らなかった」「今日の話は面白かった」

こういう感想がよく寄せられるのは、私のクライアント企業の役員や社員からです。

私のコンサルティングは、「技術戦略の策定」で始まります。この技術戦略の策定は、高収益を実現するためには必須のことです。

しかし、収益性に課題のある会社ではほとんどの場合、技術戦略が策定されていません。そのためか、策定に関する考え方を示すと、ほとんどの社員・経営幹部はこのような感想を漏らされます。

「面白い」という程度で済んでいれば良いのですが、経営者にとって、会社の収益性が低下している現状は「面白い」で済む話ではありません。「知らなかった」では済まされないことは当然です。経営幹部であれば技術戦略を策定できるほど熟知している必要があるのです。そして、経営者はその実践知を使いこなす必要があります。

しかし、経営幹部が「知らなかった」という感想を漏らすのも無理はないことかもしれません。高収益化などを特別に考えなくても売上や利益が上がる時代が続いたからです。

言い換えれば、これまでは常識通りのことをしていれば儲かった時代でした。成熟メーカーにとっての常識といえば、ＱＣＤが浮かぶと思います。品質（Ｑ）を上げ、コスト（Ｃ）

を下げ、納期（D）を短くすれば、業績が上がったというわけです。

しかし、本書を手にとったあなたは、いまや常識通りやっていても業績が上がらないことを実感しているかもしれません。

本書で私が提案することには、多くの非常識が含まれていると思います。本書で解説するのは成熟メーカーを高収益にする方法ですが、その背景となっている考え方は、世間の常識とは異なるものです。

どのように常識と異なるか一例を上げます。例えば、世間では研究開発の結果を知財にするという考え方が常識です。一方、私の考えでは、質の高い知財をとれない場合は早い段階でテーマを変更します。何故かと言えば、高収益に知財は必要不可欠だからです。テーマの変更には確かに労力がかかります。しかし、高収益を目指せば変更しなければならないのです。やっても無駄なことはしないのが利口です。

世間の常識には多くのウソが含まれます。

本書では、そうしたウソを暴いて行きますが、読者には目をそむけずに本質を直視してほしいと思っています。高収益を目指すなら、世間の常識通りではいけないのです。

次項では、世間の常識にどっぷり浸かっていたA社がどのように変貌を遂げたのか、その事例をご説明します。

粗利90%の商品開発に成功したA社

社長が考え方を根本的に変えるまで

A社のことを説明する前に、本書で提示する考え方の一つを説明します。

それは、本書で説明するキラー技術の開発は顧客要望対応ではないということです。

「キラー技術」というのは、独自性があり知財の取れる技術という意味です。

高収益企業と呼ばれる会社では、必ず、このキラー技術のある状態で事業をしています。

結果、最低でも粗利50%になり、競合に模倣されることもありません。そのため、高収益な状態が長続きします。


そのため、あなたが仮に、研究開発とは顧客要望対応をすることだと思っているとしたら、本書とは根本的に考え方が違います。


顧客要望対応は重要ではないと言っているわけではありません。

重要ではありますが、重要なのは一定の条件を満たした場合にのみです。

どういう条件かと言えば、価格主導権が取れている場合のみです。

逆に言えば、**価格主導権が取れていない場合には、顧客要望対応は重要ではない**ということです。

むしろキラー技術を開発するほうが重要です。

なぜかと言えば、価格主導権がない状態で顧客要望に対応しても収益は上がらないからです。

どういうことか比喩的に表現しますと、顧客要望対応型の思考法は、キラー技術開発を鈍らせてしまう毒のように作用するのです。

誤解を生む表現であることはあえて承知で書きますが、高収益を目指す経営者は、顧客要望をあえて無視する必要があるのです（もちろん、完全無視ではいけません）。

目の前にある顧客要望対応型の開発とキラー技術開発は違います。残念なことですが、どちらもやるという選択肢はありません。

なぜかと言えば、資源は有限だからです。ヒト・モノ・カネの資源が無限にあるのであれば両方やればいいのですが、残念ながら資源はどんな会社でも有限です。

そのため、どちらかを選択する必要があるわけです。しかし経営者とて人間です。当然迷いが生じます。

これから説明するA社社長（以下、A社長と言います）もそんな経営者の一人でした。高収益化のために、迷いながらも顧客要望と決別するA社長の苦悩を見ていきましょう。

高収益商品開発に成功したA社の事例

顧客要望への対応が正しいと思って経営判断を続けてきたA社長ですが、キラー技術開発の仕組み構築を進めるに当たっては相当、迷いがあったようです。

数年前にキラー技術開発の仕組みを構築したA社長ですが、当時を振り返って思いを語っていただきました。以下では、コンサルティングの過程と共にご紹介します。

数年前の年の瀬のことです。

そこは、郊外の工業団地の一角にあるA社会議室。

参加者は、A社長、3人のA社社員、コンサルタントの私。

検討課題はキラー技術開発の仕組み構築とテーマXの推進について。

参加者の1人、Tさんが言いました。

「とにかく、この会議室を出れば、僕は受注しているものをやらなければならないです。テーマXのことを考えることはできなくなります。」

Tさんは A社に転職して10年の機械設計者です。これまで顧客ニーズ対応の開発案件を持ちながら、キラー技術開発の仕組み構築とテーマXに関わってきました。兼任だったのです。

A社長の思いとは裏腹に幹部社員が日和見を決め込んでいたため、Tさんは仕組み構築とテーマXに思うように時間が割けず、進まない苛立ちがありました。

「そうか、そうだよな。」社長がそう言うと、重々しい空気が漂いました。

日和見の役職者が「我関せず」と上の空で聞いている中、A社長は次のようなことを考えていたと後に述懐されています。

Tは10年以上同じ部署で新規業務の経験がない。当社のエースとはいえ、それは社内に逸材と言える人物が少ない中での話。40代で経験はあるとはいえ、今回やろうとしていることは経験が全く通用しない話だ。とはいえ、彼に全力を尽くさせるためには、不安を表に出すことなく、期待感を表明しなければならないだろうな。

これから、仕組みの構築とテーマXという新しい仕事によって、従来の仕事は、一部は出来なくなるはずだ。ただでさえ忙しいというのに、彼を現場から抜けば現場の負担感は早晩聞こえてくるだろう。現場の負担感を押し切ってでも、新しいチャレンジをさせなければならないと自分も思うが、大丈夫か。

A社長は、このような迷いの中にも関わらず、今になって振り返れば最高の決断を下されました。Tさんを現場から引き離し、テーマXに専任させることにしたのです。

「T、君がやってくれ。専任にする辞令も出す。」威厳を込めてA社長が言いました。

ところが、Tさんの上司はこう返します。

「え、Tを専任させる?受注した案件はどうするんですか?」

「そこは君が何とかして欲しい。社長として決めさせてくれ。いいね?」とA社長は目で押しました。

こうしてA社での体制が決まったのですが、実はこの時まで半年以上の時間が経過していました。

なぜ半年かかったのか、詳しくは第5章で説明しますが、A社ではこの時までボトムアップでの意思決定をするようにしていたからです。つまり、組織作りを社長ではなく幹部に任せていたのです。

しかし、本業である開発の仕事をしながら、新たな仕組み構築とテーマXを推進するのは、その当時のA社の事情では無理でした。半年以上何も進まなかったのです。

そのことを受けて、私が右の会議を開くことを提案したのですが、会議の結果、トップダウン形式でTさんが専任して遂行することに決定しました。

キラー技術開発の仕組み構築とテーマXがスタートすることになったのです。

年が明け、春になりました。

専任になったTさんがテーマX推進のための費用等の調査結果を報告しました。

「これまでの調査で、テーマXの推進にはこれだけかかります」

「分かった。進めてくれ。期待している。」と社長は頷きました。

しかし、その頷き方は一点の曇りもないものではなく、半信半疑ながらも「これしかない」、と自分に言い聞かせたもののように感じられました。社長は頭を回転させていたと思います。後にこの時のことを次のように述懐されています。


金がかかるのは分かっていたが、いつまでかかるか、本当にできるのかさえ、今の自分には見当が付かない。

とはいえ、当社にとっては、やらなければならないチャレンジだ。社運をかけるというほど大げさなものではないが、それなりに金も時間もかかりそうだな。Tには大変だろうが、なんとかものにして欲しい。

売上が立つまで1年かかるかもしれない。あるいは、5年かも知れない。苦労して出来上がっても、売れない場合もあるだろう。特許がとれるとも限らないことは分かっている。

そんなテーマXに金を使ってもいいのか。

目の前に仕事はある。お客様の付いたありがたい仕事だ。これをこなして行けば良いんじゃないか。

A社では、テーマX以外に、テーマY、Zがありました。A社ではテーマXを選択し、Y・Zは実施しないことにしました。テーマXは他のテーマに比較して自社事業に近いことから、テーマXを選択することにしたのです。(図1参照)

しかし、YやZよりも事業に近いとはいえ、テーマXは、これまでやったことがない仕事です。もちろん、ニーズがありそうなことや、特許がとれそうなことは分かった上での意思決定ではあるのですが、A社長はこのように迷っていたのです。

それまで、A社長は、顧客要望対応の開発はしてきましたが、自社で立案したテーマへの投資には慣れていなかったため、このように迷ったのです。

顧客要望対応テーマに比べて、顧客が付いていないテーマは不確実性が高いように思われるものです。顧客要望対応はリターンがかなり明確に予想できますので、多くの経営者が選択しがちです。

一方、儲かる経営者はそうした機会を一瞥しつつも、あえて自社発案テーマを作らせて投資していきます。儲かる会社の社長は、投資機会を自ら創造します(社員に作らせます)。

A社での検討結果
テーマY、Zは、新規顧客・新市場を対象にするものだったため、当時のA社にはリスクが高く、見送った。
潜在課題を新規技術で解決するテーマXを実施することになった。

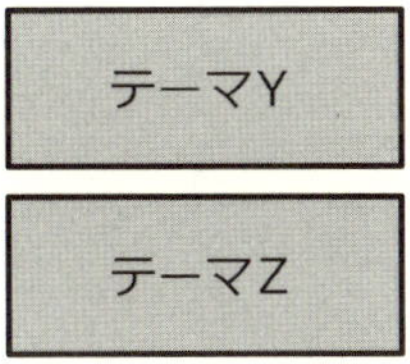

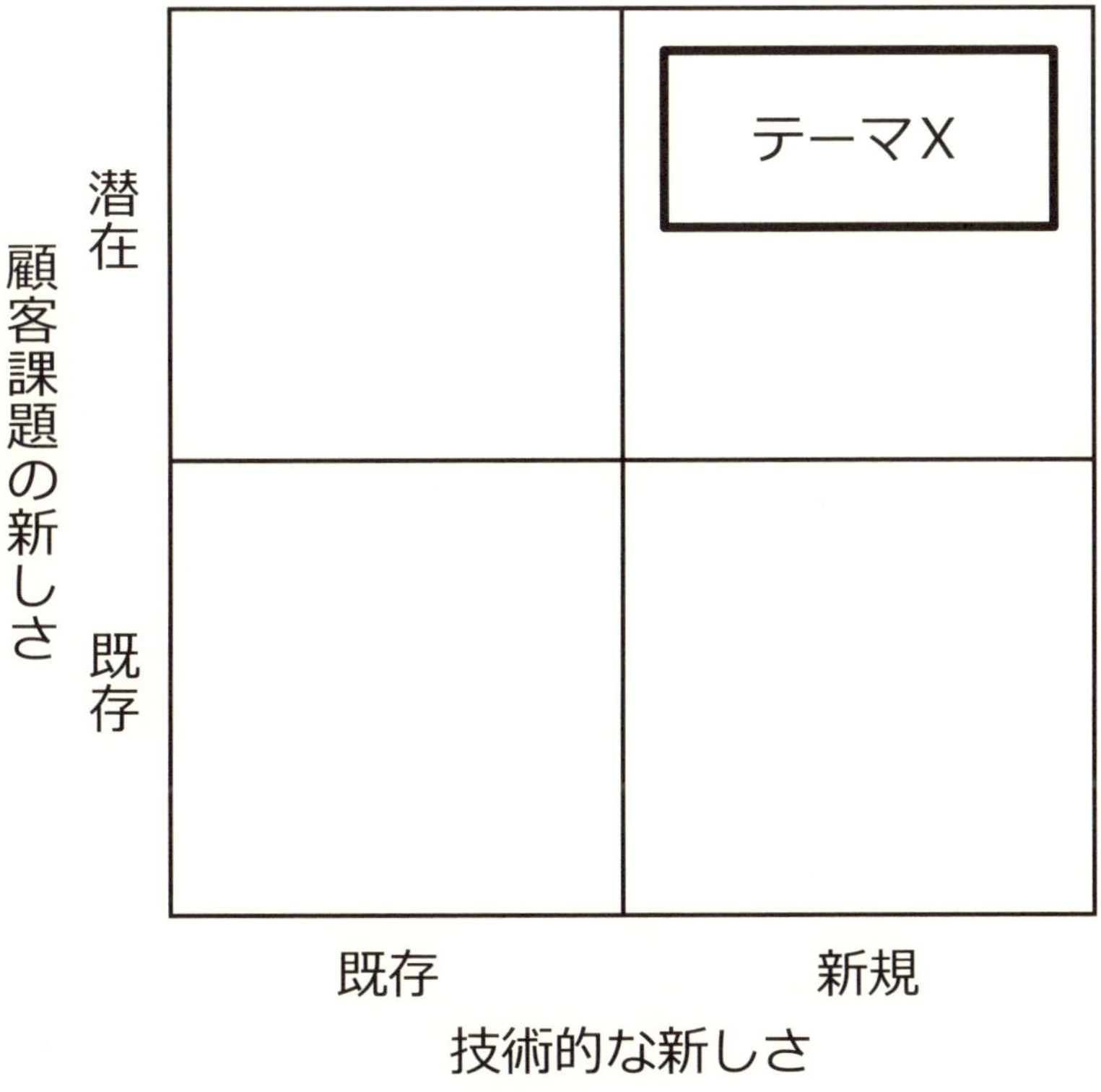

図1．A社でのテーマ

このことは会社の成長力を決める非常に大きな要素となるのです。

経営者はこのことに留意しなければなりません。


夏になり、A社会議室でテーマXの試作品が届き、お披露目をしていました。

試作品を初めて見た関係者はほぼ全員男性。野太い歓声を上げるとともにTさんに拍手を送っていました。


3ヶ月前､プレッシャーに押しつぶされそうだったTさんは、無事にデモが終わってホッとした表情を作ったのです。


「どうですか?ちゃんと動いてるでしょ?」Tさんがおどけると、

「おお、意外とちゃんと動いてるな～」A社社長はからかうように言いました。

「たった3ヶ月で出来てしまいましたね」私が言いました。

おどけていたA社長は、ふと我に返りました。どのような反応をすれば良いのか考えずに無邪気に喜んだのは久しぶりだったと気づいたようでした。

後に、A社長はこの時のことをこのように述懐されています。


確かに原理・基本技術は出来ているな。

まだまだ量産で使える技術ではないだろうが、期待は持てる。技術的には問題なさそうだし、知財もとれそうだという。

問題は量産や販売だ。この後も大変だろうが、今は笑っても良いのではないか。嬉しい表情を見せた方が、Tも安堵するはずだ。

半信半疑ながらも、テーマXを進めて行くことにより、Tさんにも社長にも笑顔になったのがこの時でした。試作品であってもモノがあるというのは強いです。

コンサルタントとして多数の会社に関与して分かる事ですが、高収益な研究開発のやり方に慣れていないと、試作品ができるまではずっと半信半疑のままでいる人は少なくありません。

しかし、高収益な研究開発に慣れると変わることがあります。それは、原理や理屈が成り立てば、実際にできるようになると考える社員が増えることです。

こうなると、会社全体として変わったと思えるようになります。

秋を過ぎ、その年は厳しい冬を迎えました。

A社会議室でテーマXの価格について検討していました。キラー技術開発法では価格設定も独自の考え方を適用します。会議では、Tさんがその考え方を反映した価格設定を検討したので共有しました。

「すごいな、粗利90％を超えそうなのか。」とA社長が笑いつつ言いました。

しかし、その表情は「もしかするといけるかも」という気持ちになっているように感じられました。進めていたテーマXの改良の過程で技術課題を解決してきたことや、知財が取れそうだと確認出来ていたことが良かったのでしょう。

そのこともあってか、その頃には、A社長はTさんに全権を委ねるスタンスに変化していました。金と口は出すが、実行は完全に委ねる、そんなオーナーらしいスタンスです。

展示会は2ヶ月後でした。

展示会でデモを実施して、試しに使用してくれるユーザーを開拓したい。

しかし、テーマXは独自性の高い商品なので、理解させることが難しい。

チラシや展示物を作成するのに、Tさんがしばらく苦労することになりました。

そして、展示会終了後、Tさんの報告がありました。「テーマX、ものすごい反響でしたよ」

ところが、展示会で値段について聞かれると、「まだ決まっていない」と回答することにしていたため、展示会後は値決めに迫られることになりました。

そこで、最初に訪問するユーザーに価格案（粗利90％）を示して反応を見ようということに決定したのです。

と、ここまでの話は、A社長の迷いに目を向けながら、A社での仕組み構築とテーマXの推進に関してかなり端折って説明したものです。

もちろん、その他にもA社でここに至るまでの苦労話がありますが、その点については第5章に譲り、本論に戻りたいと思います。

A社でどんな大事なことが起こったのかと言えば、二つあります。

一つは、新規事業へのエースの投入です。既存事業からTさんを引き抜けば大打撃であるという社内の意見を押し切って、新規事業であるテーマX担当に据えました。

もう一つは、確実な顧客要望対応をやめて、リスクのある自社発案テーマを推進したことです。当然A社内に反対はありましたが、テーマXの推進に踏み切りました。

こう書くと、簡単なことと思われるかもしれませんが、この二つの要点はなかなか実践が難しいのです。次項で、世間の常識通りの経営がこの二つの要点を難しくしていることを説明します。

顧客要望対応型の開発で満足していないか？

確実にリターンが帰ってくる所にエースを投入するのが普通です。サラリーマン的な経営者は特にそうです。自分の任期中の収益最大化が彼らの目的だからです。

新商品開発という不確実な所にエースを投入するというのは、非常に勇気のいる決断なのです。それができる経営者はオーナー的感覚を持つ経営者のみです。リスクを好むということではありません。リスクを減らしつつも、儲けが大きそうなところを選ぶのです。

野球に例えればこうなります。エースに送りバントをさせるのがサラリーマン的経営です。一方、オーナー的経営では、相手投手の特徴をエースに熟知させた上でヒットエンドラン（得点を狙って盗塁とヒットを同時に行うこと、リスクはやや高い）をします。オーナー的経営者は十分な準備をしてリスクを取るという意味です。

A社長はジレンマを克服しつつオーナー的経営を実践しました。社長といえども経験のないこと、社内の反対があることなどをあえて実践するのは不安が伴うものですが、実践すれば高収益になることは本書を通じて説明します。

本項では、世間の常識通りの経営がもたらすマイナスを説明します。

①新規顧客への要望対応では

疑うべき世間の常識を一つ取り上げます。

それは「顧客要望対応をすれば利益が上がる」というものです。

事業をしていれば、既存の製品やサービスについての顧客の要望は入ります。

それに対応することで、注文が入ることにもなるし、製品が改良されていくとお思いではないでしょうか?逆に、要望に対応しなければ注文が入らない、利益も上がらない、とお考えではありませんか?

既に「顧客要望に対応することとキラー技術開発は異なる」と書いたのですが、ここでは顧客要望に対応しても、利益が上がらないことをお伝えしたいと思います。顧客には、新規顧客と既存顧客の2種類ありますが、以下では、それらを分けて説明します。

最初に新規顧客への対応の例です。下請け企業を取り上げます。

下請け企業では特定の発注者からの注文を請けてものを作るわけですが、こうしたことをよしとせず、「下請け脱却」を目指す会社は少なくありません。下請けを続けていては先がないため、新しい顧客を探すのです。

下請け脱却のための営業は、苦しいことが多いです。それほど新規性のある商品がない場合には、宣伝してもほとんど注目されません。他社と同じような機械があって、他社と同じようなことしか出来ない場合には、ユーザーが注目してくれるのは、近所であるとか、安いとか、そういう点のみになります。

差異化要素がない中宣伝しても訴求力は弱いものです。

とはいえ、下請けメーカーからすれば新規顧客の開拓は嬉しいものです。いつもの発注者であれば、無理難題は断ることが、出来るかもしれません。しかし、せっかく苦労して開拓した新規顧客に対していきなり断りたくはないものです。

そのため、無理難題でもとりあえずは聞いてしまう。とはいえ、聞いて、解決策を考えるものの、簡単に思い浮かぶものではありません。アイデアを思いついて社内で試験し、いけそうだと言うことで見積もりを出します。

ところが、見積もりを見たお客様はこう言います。「その見積もり金額の半分でやってくれ」と。お客様は別の仕入先と比較しようと「当て馬」を探すものです。

当然、半値受注となれば、請けられるはずがありません。収益は上がらないのです。

このように、新規顧客を開拓すれば収益が上がるというものではありません。他社との違いをアピールできなければ、せっかく苦労して開拓した新規顧客であっても、儲かる商談にはなりません。

②既存顧客への要望対応では

次に、既存顧客への対応について説明します。

ものづくりの業界から離れるのですが、弁理士の仕事を例として考えてみます。

弁理士業務とは特許明細書の作成業務です。明細書作成はすべてオーダーメイドなので、１００％顧客要望対応と言っても過言ではありません。

弁理士業界で最近の企業の顧客要望といえば思いつくのは次のようなものです。

年間何百件、何千件と出願をする大手企業の要望は、サービス品質の維持と同時にボリュームディスカウントです。実際、大手企業では、弁理士事務所をサービス品質で比較して、単価を安くすることを条件に大量発注する一方、水準に達しなかった事務所は切るという調達方式が普通に行われています。

一方、中小企業の価格に関する要望は大企業ほどシビアではありませんが、中小企業の担当者は知財実務に明るい人が少なく、手数料はもらえないのにたくさんのサポートをさせられるケースが少なくないのです。

このように弁理士という仕事は顧客要望対応の側面が非常に強いのですが、儲からない仕事であると業界では認識されています。いくら顧客要望にきめ細やかに対応しても、構造的に収益に結びつかないからです。

その構造には、二つの要素があります。一つは、製品やサービスが定型化されていて競合があることです。

もう一つは、概ね価格が決まっており、いくらきめ細かく付帯サービスを提供しても、追加で請求しづらいことです。同じことは成熟メーカーでも当てはまります。つまり、既存顧客の要望に対応していても収益は上がらないのです。

ここまで、新規顧客への対応、既存顧客への対応も、いずれも利益を上げにくいことを説明しました。

お客側から見れば、複数の業者がいれば、どこから買ってもよいということになります。お客側から見ると、標準品では満足できない場合、要望を出し、要望に対して最も従順に言うことを聞き、かつ安い会社を選べば調達は成功になります。

言い換えますと、お客側から見て都合が良いのは、色々比較して最も低賃金で都合良く働いてくれる会社だということです。これでは儲かるはずがありません。

しかし、成熟メーカーでは顧客要望対応で売上・利益を上げるという常識がまかり通っており、「顧客要望対応が得意です」とさえ標榜する会社あります。

悲しいことに、低収益な会社では「顧客要望に対応するのは良いことだ」という世間の常識にどっぷり浸かっている場合が少なくありません。

顧客要望対応型の会社では、顧客要望に対応していれば仕事になるという短絡的な発想の持ち主でも出世できます。出世により肯定されると会社全体としてそのような考え方が固着してしまうのです。

経営者にはそういう会社にする意図は決してないと思うのですが、意図しない形になってしまうことは少なくありません。業績に報いた人事をするからです。

ハッキリ書きますと、**「顧客要望に対応することで収益は上がる」という世間の常識はウソ**なのです。高収益を目指すのであれば、こうしたまことしやかな常識にはハッキリと決別をしなければなりません。

とはいえ、顧客要望に対応しないで何をするのでしょうか。大まかに、新しいことと言っても何をしていいか分からないでしょう。次項では、そのことに触れることにします。

顧客の潜在課題に着目する

潜在課題のイメージを説明するため昔話で考えてみましょう。

150年位前のことです。人は馬で移動していました。当時、馬具を製造する仕事が多数あったわけです。馬具を使用する顧客の要望は、「もっと安くて良い馬具が欲しい」だったことでしょう。

しかし、自動車が登場しました。人は馬に乗らなくなり、当然、馬具はいらなくなった訳です。それと共に多くの馬具職人の仕事がなくなりました。

馬具職人は「馬具が欲しい」という顧客要望に対応していたら、いつのまにか仕事がなくなりました。この話からも分かる通り、顧客要望対応で収益は上がりません。

本書では、キラー技術開発法を説明していますが、キラー技術開発法は、顧客の潜在課題に着目する方法です。

顧客要望と顧客の潜在課題は明確に分けなければなりません。先の例で言えば、「馬具が欲しい」というのは顧客要望でした。

一方、時代は徐々に自動車に変わっていきました。

仮に、時代のトレンドである自動車メーカーを顧客に見立てると、自動車メーカーにはどのような潜在課題があったでしょうか?

自動車は当時は高級なものでした。そのため、内装には皮革の高級なものを用いることができたでしょう。

実際に、自動車の博物館に行けば古い自動車を見ることができますが、革張りのシートが見られます。

馬具には皮革製品が多いのです。そのため、当時の馬具メーカーは自動車の内装品というテーマを検討することができたはずです。

例えば、ハンドルやシートなどは、現在でも革製のものがあります。当時のものも今のものも、高級なものは手縫いです。馬具も当然手縫いです。技術要素は同じ部分があります。

もし、馬具メーカーが顧客を捉え直して、その潜在課題を発掘していたとしたら、自動車という時代の流れに乗れた可能性があります。衰退する馬具メーカーから自動車部品メーカーになったという訳です。

以上は例え話なのでピンと来ないかもしれませんが、潜在課題は既存ユーザーの顕在要求ではないことを理解する上では十分でしょう。を解決する点では十分だと思います。

次項ではもう一つのウソを取り上げます。

知財はなんの役にも立たない

あなたは、知財が大切だとお考えですか？

次に、知財のことを例に考えてみましょう。例えば、世間では「知財は大切だ」と教えられますが、あなたはこの常識をどう思われるでしょうか？

なぜ「知財は大切」なのか？世間一般の動向を見てみましょう。

知的財産を預かる国の機関は、特許庁や経産省です。試しに、研修に行ったとします。特許庁や経産省、その補助を受けて知財に関する事業を推進する発明協会、都道府県や市町村の産業支援施設等で開催される知財関連の研修です。

そこでは弁理士が知財知識について教えてくれます。新規性、進歩性などの特許要件とはどんなものか、どのようにして、特許を取得するのかについてです。そして、「知財は大切だから知財を積極的に活用しましょう」という話がなされます。

大企業でも同じです。知財部が社内研修をしてくれます。そこでは社内外の講師が登壇して、「知財は大切だ。だから、発明したら出願しましょう。」と教えます。

また、特許庁や弁理士会等から発行される刊行物によれば、色々な企業の事例を挙げて知財は大事であるということが開示されています。例えば、統計です。特許出願件数ランキングなどはその最たるものでしょう。日本企業がランキング上位などと聞けば、「有名な会社はたくさん特許を出すんだな、知財は大事なんだな」と思うはずです。

このようにして形成される「知財は大切だ」という世間の常識ですが、中小企業の経営者にとって、この言説は本当なのでしょうか？

誤解を恐れずにハッキリと言えば「ウソ」なのです。

なぜウソだと思うのか説明したいと思います。記憶頼りの古い話ですが、お付き合いください。私の古巣の話になります。

ただの知財と業績の関係　NECの例

私の古巣はＮＥＣ（日本電気株式会社）という会社です。

20年以上前の話で、しっかりした統計情報はないのですが、ＮＥＣは特許出願件数で、日本有数の会社でした。時の流れを感じますが、時期的には、「ジャパンアズナンバーワン」などと言われた時代と近く、当時の日本有数イコール世界有数という時代でもありました。ＮＥＣはそれほどたくさんの特許を出す会社でした。

また、ＮＥＣは社員教育・研修は行き届いた会社でした。これは私の推測ですが、おそらく社内でも、「知財は大切」であるという意識付けと共にノウハウの教育がなされていたでしょう。

当時NECで実施していた研修等の成果は出ていたと思います。つまり、「知財は大切」だと思う技術者や知財担当者が必死に出願をしていたに違いありません。その成果として、特許出願件数は世界に誇るものでした。

しかし、当時から20年以上経過した今、NECの状況はどうでしょうか？

売上は当時の半分程度（約6兆円が3兆円弱）になりました。利益は赤字か小幅な黒字（すごく良い年で営業利益率3％程度）が続いています。

本来は、知財は研究開発の成果なのですから、知財の件数は世界有数であれば売上・利益が上がっても良いはずです。

しかし、20年以上経過した今、起こっていたのは全く逆のことでした。知財と利益とは全く関係がないと言っても過言ではなさそうです。

このような話、NECだけの話だろうと思われるかもしれません。しかし、事実は全くの逆です。統計的にも、知財をたくさん出す業界は電機業界ですが、電機業界の業績が良いかと言えばどうでしょうか？

2010年～2012年の頃、週刊誌には「電気敗戦」という趣旨の記事が複数出たのをご記憶でしょうか。巨額の赤字が何年も続くケースもありました。また、黒字回復後も利益率が低迷している会社はＮＥＣだけではありません。

巨額の減損処理により自己資本が毀損し、外部からの救済が必要になるケースもありました。知財をたくさん出していても、低迷するものは低迷するのです。

そんな事はよそに、「知財は大切」という常識を植え付けられた技術者・知財担当者は、大切だからという意識で出願しようとするものです。当然、知財出願の件数は増えます。そんな会社の知財担当者は「たくさん出願している当社の知財の状況は良好です」と言うでしょう。技術者も同様です。

しかし、実際はどうかと言えば、ＮＥＣでは、**知財の件数と利益は無関係**という心象になると思います。

知財に対する社長のスタンスは

ＮＥＣや電機メーカーを例にして、「知財は大切」という常識を実践した会社の例を書いてきたのですが、こんな例を示されると世間の常識に違和感を覚えるのではないかと思います。

こういうことを知った状態で、あなたが部下の知財担当者から「知財を出願しているから、当社の状況は良好です」などと説明を受けて納得出来るでしょうか？

正面切って「知財は大切ではない」とは言わないにしても、利益につながるか分からない知財を誇ってなんになるのか？という感じを受けたのではないかと思います。私もそのように思います。古巣であるＮＥＣがそうだったからです。

では、「知財は大切」という世間の常識をどう解釈すべきなのでしょうか？

それには、世間の常識に惑わされることなく、経営者として正常な感覚で解釈することが大事です。

つまり、儲かるためには価格主導権が必要という感覚で判断するのです。

この感覚で判断するとこうなります。価格主導権を持てなくなる理由は競合があることですが、このことを知財と組み合わせて言えば、**競合を排除できる知財は大切**だということです。逆に言えば、競合を排除できない知財はあっても無意味ということです。

実際に、競合を排除できる権利をとっていれば、裁判に打って出なくても、相手方が設計変更をするなどの対応をして、「戦わずして勝つ」ことが可能です。戦わずして勝てればローコストなのは言うまでもありませんし、なにより、収益性が維持できて申し分ない結果になります。

読者のあなたは、「何を至極当然なことを」と思われるかもしれません。

しかし、大手企業であっても使えない知財を量産していることは現実なのです。実際に裁判で使えない権利は多数生み出されています。

あなたの会社では本当に使える知財権をとるようにしているでしょうか?

言うまでもないことですが、このような知財力の差は、競合排除力に直結します。そして、競合排除力は収益性に直結します。

実際、特許がある商品を競合に模倣されたと思った場合、裁判で勝てるかどうかを事前に検討します。しかし、8、9割が事前検討の段階で「使えない特許」だと分かり、訴訟にすらなりません。

裁判をしないと、当然、競合を排除できません。競合の商品が市場にのさばる訳ですから、売上だけでなく、利益率も低下することになります。

逆に競合が見つかった場合に、排除できそうな自社権利を確認できれば、警告だろうが訴訟だろうが、取り得る措置はいくらでもあるのです。

さて、改めてお聞きしますと、知財を取って何の意味があるのでしょうか?それは競合を排除することです。そこで、私の提案する常識はこうなります。

知財は裁判で活用できる権利のみ大切です。

ＮＥＣや電機メーカーの例が示すとおり、知財は数があっても意味がないのです。反対に裁判で活用できる程度の内容、つまり質がなければなりません。

「質」については第3章で詳しく説明しますが、一言で言えば、前述の通り競合排除力です。競合排除力の高い知財を設計することが重要なのです。

競合排除力の高い知財を設計するためには、予めそれに対応した仕組みがなければなりません。世間の常識に従い、技術者は特許を年間○件出願するようにノルマを課したり、程度の低い発明でも出願させたりする事は避けるべきです。

世間の常識に従って出せば出すほど、お金はかかる一方で効果は出ないという状態に陥るのは間違いありません。

ただし、現在常識に従って特許をたくさん出願しているとか、あるいは全く出せていないとか、そういう状況でも気にする事はありません。

改善することができるからです。

Ａ社のことは既に説明しましたが、コンサルティング実施前には、Ａ社の知財の仕組みは世間の常識通りでした。一方、利益率はと言えば、低収益でした。

しかし、本書で説明する通り、Ａ社はテーマＸという高収益商品を市場に投入しましたし、今後も投入し続けられる状態が整っています。後に取り上げるB社も同様です。そして、両者に共通するのは、競合排除力の高い知財を取る仕組みです。

現状が世間の常識通りであっても、競合排除力のある仕組みに変えられるのです。ただ、「会社の仕組みが世間の常識通りで低収益」というのは、本書で取り上げる事例に限った話ではないことを念頭に置いて下さい。低収益にあえいでいる会社の殆どが常識通りに業務をこなしていると言っても過言ではないでしょう。

経営者が低収益に甘んじる気持ちがあれば、世間の常識を変える必要はないでしょう。しかし、高収益を目指すのであれば、世間の常識を疑わなければならないのです。

知財面での話に戻すと、経営者にとって大きな課題の一つは、裁判でも使えるような知財をとるための仕組み作りであると言って良いでしょう。

裁判で使える権利にする仕組みは非常に専門的です。仕組み作りを自分でするのも良いですが、最適な専門家を調達してきてやらせるのが適切な場合もあります。

優秀な人がいたら儲かるのか

高収益社長が求める優秀さとは

経営者であれば、右腕になる人が欲しいと思い、なかなかいないと思うのが常（つね）だと思います。確かに、経営者と同じくらい優秀な社員がいれば物事が進んでいくのは間違いありません。

しかし、この点に関しても、世間の常識を疑う必要があります。

本当に普通の社員の集団では儲からないのでしょうか？

再度、私の古巣の話になるのですがＮＥＣの例で説明します。かつて、技術者としてＮＥＣに入社する社員は優秀な方ばかりだったと思います。就職活動での企業人気ランキングでは、上位に位置づけられていました（ランキングと優秀さは必ずしも比例しませんが、多少関係するでしょう。）研究所には博士ばかりでした。

そうやって、優秀な社員を集めた結果どうなったでしょうか？ＮＥＣが売上半分・低収益になったのは先ほど書いた通りです。

このように、「優秀な」人材を投入して収入に結びつかないことは、先に述べたＮＥＣに限らず、いろいろなところで起こっています。

経営者は「優秀さ」についてよく考える必要があります。研究開発において求められる優秀さとはなんでしょうか?

研究開発の成果は新商品です。ところが、新商品を「高学歴の人が作りました」として他社と同じような商品を売っても売れないわけです。

実際、NECだけではなくほとんどの電機メーカーがそうだったのですが、高学歴な人が集まると、基礎研究や学術的な重要性にも目が向きます。そのこと自体が悪いことではありませんが、ビジネスが疎かになっているケースがよくあります。

顧客に対して、「学術的に優れています」とか「基礎研究の成果です」と言ったところで響かないことは言うまでもありません。

そうしたことはさておき、商品説明の際に「この商品にはこんな特徴があります」と、ポイントを明確にして説明すれば、顧客は分かってくれますし、売れます。

こう考えていきますと、研究開発において求められるのは偏差値でも学歴でもないことは明らかです。

求められるのは、従来にないお役立ちを顧客に対して提案出来ることなのです。

「優秀な人が独自性を生み出す」のウソ

経営者が研究開発に求めるのは従来にないお役立ちなのです。

顧客にとっては、学術的な発見だとか基礎研究だとかは、ある意味、無関係な話です。顧客は、自社や自分の役に立つかで判断するからです。

ビジネスでは同一軸で正解を競う偏差値競争をしているわけではありません。新たな軸を作り出し、従来にないお役立ちをどれだけ作れるかで競争している訳です。

そのため、研究開発において優秀な人というのは学歴・社歴とは無関係です。

もちろん、立派な学歴を持っていればそれに超したことはありません。しかし、高い学歴があるからといって、高収益につながるようなことをしたいと思うとは限りません。

逆に、高学歴ではない普通の人でも、仕組みの中で従来にない顧客へのお役立ちをすることは可能なのです。

研究開発における優秀さとは、従来にないお役立ちの追求力なのです。

なお念のために書いておきますが、私は基礎研究や学術的成果が重要ではないとか、軽視して良いとか言うつもりは全くありません。むしろ逆で、非常に重要なものだと思っています。

私は本書で高収益化の仕組みを提案していますが、高偏差値・高学歴な人を前提としていません。むしろ学歴的には普通の技術者でも実践できることを念頭に置いて仕組みを設計しています。

その仕組みで追求するのは従来にないお役立ちです。

従来にないお役立ちは、すなわち独自性です。

「独自性」と言えば一見難しそうです。

しかし、正しく準備をすれば誰でも生み出せます。

これまで書いてきたとおり、「優秀な人がいなければ儲からない」という世間の常識はウソです。高学歴の偏差値エリートがいても会社は儲からないのです。偏差値の優秀さと独自性は無関係だからです。

独自性に必要なのは仕組みです。独自性を追求する組織の仕組みです。そのため、私が提案するのはこういうことになります。

普通の社員の集団でも仕組みさえあれば儲かるのです。

会社を高収益に導く経営者が絶対持つべき視点

ここまで書いてきたとおり、世間の常識にはウソが含まれます。自社を高収益にしたい経営者はこうしたウソとは決別するべきです。

本節は、第1章の締めくくりとしてお伝えしたいことが二つあります。

一つ目は、経営者は王道を行くべきであるという点です。

インターネット時代の現在、世間の常識はいくらでも入手出来ます。しかし、高収益を目指す経営者がそれで満足していいはずはありません。

世間の常識からは外れているかも知れませんが、本書で紹介することを実践すれば粗利90％という商品も出せるようになります。

高収益とか粗利90％と言えば、怪しいと思われるかも知れません。

しかし、本書で紹介するのは、奇をてらったものではありません。むしろ王道を行くものです。というのは、「独自技術と知財で高収益化する」というのは、言い古された当たり前だからです。

その当たり前を実践するのが難しいからこそ、世間の企業の収益性は低いのです。

言い古された当たり前を実践することが意外と難しいのは、経営の世界だけではないでしょう。スポーツ等でも頭では分かっていても身体が動かないことは珍しいことではないからです。

繰り返しますが、高収益企業が実践しているのは、奇をてらったものではありません。王道を実践できているから高収益なのです。

逆に低収益企業が低収益なのは、その当たり前を実践出来ないからです。

差がつくのは当たり前のことの実践力なのです。

そう、経営者は王道をいかに実践可能にするかを考えるべきです。

もう一つのポイントは高収益化の目的設定です。

高収益化の目的について間違うといけません。

あなたは、なぜ高収益を目指すのかハッキリさせていますか?

儲かった方が良いのは言うまでもありません。しかし、経営者が儲かるだけを考えていると社員や関係者はそれを見抜いてしまうものです。矛盾のない大きな目標（ビジョン）に到達する手段としての高収益でなければなりません。

ビジョンは会社によって様々なものがありますが、矛盾のない大きなビジョンとは、事業を発展的に継続していくことではないでしょうか。

どんな会社でも事業の継続が前提となります。そのため、ビジョン達成に重要なのは新商品や新サービスを生み出し続けられることです。

そして、新商品の研究開発のためには、投資余力、つまり高収益である必要があるのです。単純なお金儲けのための高収益ではないということを、経営者が本心から思っていなければ、社員はその矛盾を簡単に見抜いてしまうでしょう。

社員にはきれい事を言いながら、本心は金儲けを考えていれば、その矛盾に経営者自ら疲れてしまうことになります。理由をハッキリと自らの腹に落とす必要があるのです。

きれい事に聞こえるかも知れませんが、ビジョンによって組織を動かし、独自性のある商品や技術を作っている事例はいくつもあります。

第1章のここまででは、本書のスタンスを説明してきました。

そのスタンスとは、高収益を実現するには世間の常識とは異なるような事でもなされなければならないということです。知財をはじめとして、世間の常識にとらわれていては、高収益にはなりようが無いのです。

第2章では、足元に目を向けます。低収益企業の実態について説明します。

第2章

低収益
ものづくり企業の
実態

低収益企業のビジネスは

粗利60％・営業利益15％。世間にはこんな高収益な企業があります。

一方、一般的な成熟メーカーはそんなに儲かっていないのが実態です。本章では、当社のクライアントの事例をご紹介します。

当社のクライアントにB社があります。ＢｔｏＢで製造設備を製造販売する会社です。主要なお客様は電機メーカーです。業歴は数十年。社員数は約２００人です。着実に実績を伸ばして、その業界では「B社さんは老舗ですね」と呼ばれるくらいの存在です。

このB社さん、お客様の電機メーカーが元気なころは同様に元気でした。業績も右肩上がりであり、日本のメーカーが海外に出た頃には一緒に出ていき、海外の工場を立ち上げたという実績もあります。

また、知財面も一見すると優良でした。知財を複数取得していましたし、研究開発力がありそうでした。少なくとも、業界ではナンバーワンという実績を挙げてきたのです。

しかし、私がB社長の話を聞いているとB社長の頭の中は不安そのものでした。

なぜでしょうか？

売上だけは上がって良い業績を記録するものの、利益率が徐々に低下していたからです。

社長にお聞きすると、最近の数字ですが、B社の粗利率は約20％でした。

本章では、このB社の事例をもとにして、中小企業のよく陥りがちな罠について解説したいと思います。

商品に独自性はあるか

私のコンサルティングでは、競合の調査を行います。

「競合分析をしましょう」と私がコンサルティングの現場でB社長と社員に話しかけました。

こうして、B社でも商品の競合状況について評価が始まりました。エクセルで表を作成し、自社の商品のヨコに他社の商品を並べていくことで競合状況を見えるようにするものです。

競合企業との性能比較表を作成したところ、予想通りと言いましょうか、予想以上と言いましょうか、結果が明らかになりました。

「言っておきますけど、競合は多いですよ」とB社営業部長が予告されたとおり、全ての商品に競合があることがわかりました。

一つの商品につき、平均的に5～6の競合商品があることが分かったことには、さすがに社長も驚きを隠せなかったようです。

「こんなにあるのか。」と小さな声でつぶやかれました。

参考にコンサルタントとしての経験を紹介しますと、競合が2、3社のうちは、粗利率が30％を下回ることはないように感じていますが、競合が4社以上に増えると、粗利率は低下し、20％前後になることが多いです。

このような経験があることから、筆者はB社には4社以上の競合先があることは予想していました。

そして、問題はここからです。項目を特定して比較したところ、B社の製品は、競合企業の製品と性能や特徴にほとんど差がないことがわかったのです。

言葉を換えれば、独自性がなかったのです。

関係者は薄々気づいていたことではありました。しかし、眼の前に示された一覧に衝撃を覚えた人がいました。技術者達です。

技術部長は言いました。「当社の○○方式と、競合の△△方式は違うんですよ」と。

技術陣としては、せっかく作った商品ですから、かわいいと思うのは当然です。もちろん、比較の軸をどのように設定するかで、差異化されているかは変わります。

しかし、比較の軸はあくまでも顧客視点。方式が違うというのは二の次です。

顧客視点で比較すれば何の差もないというのは、技術陣はうすうす気づいていた課題だったとはいえ、明るみに出すのは嫌なことだったようです。小さな抵抗がありました。

Ｂ社では、もう一つ問題が浮かび上がりました。

競合比較表には、これから投入しようとする製品も並んでいました。これから投入する製品ですから、当然、競合はない状態だと思っていました。

しかし、驚くべきことに、これから出そうとする商品についても「すぐに競合品が出そう」という状況だったのです。

知財はどうか

さて、Ｂ社の競合比較の話題を一旦横に置いて、知財の実態に話を移します。

Ｂ社の知財責任者に説明をお聞きしたところ、知財責任者はこのように説明されました。

「これが当社の知財の一覧表です。一件ずつ説明しますか？」

このようにして一覧表を見せてもらったのですが、一覧になっていていれば、管理が行き届いた印象を受けますし、しっかりした印象を持つのが普通だと思います。

Ｂ社の知財責任者はこう続けました。

「数年前にコンサルタントを入れて、知財体制を作り上げたんです。先行技術調査や特許出願に至る体制はできていると思います。その甲斐もあって、現在では特許が○件とれています。ここ1年は特許出願していないんですが、そのうち出てくるんじゃないかと思います。」

こういう説明を受けると素人目にはB社の知財体制になんの問題もなさそうに聞こえるかも知れません。

確かに、一覧表に載っている知財の件数は、B社の企業規模に比して見劣りしませんでした。

また、体制面についても、責任者の説明にあった通り、一般的なものは整っていそうに聞こえました。

しかし、「見劣りしない」、とか、「一般的」というのは、あくまでも素人目線での評価です。素人目線とは、世間の常識に沿って件数や知財管理体制を比較する視点です。

B社でも知財コンサルタントを入れて、知財管理体制を作っていました。

一方、私の視点はあくまでも収益性にあります。そのため、収益性の視点でB社の知財を見てみることとしました。

知財責任者に権利行使（裁判を提起したり、他社に警告をする等）の実績をお聞きしたところ、「いや、そんなこと思ったこともありません」と実績はないことが分かりました。

競合他社を裁判等で排除したことはなかったとのことです。

それ自体、悪いことではありません。裁判は仕掛けるのも仕掛けられるのも大変だからです。出来るのであれば、そうしたことを経験しない方が平穏な日常が送れるでしょう。

そこで、裁判を仕掛けたことも、仕掛けられたこともない理由を探っていきました。

知財の質を見ていきます。知財の質を見ると言うのは、B社の知財の明細書（特許明細書）を、一つずつ内容を確認していくという意味です。

特許公報を見ながら、クレーム（クレームとは、正確には「特許請求の範囲」と言います。権利範囲を示した文章のことです）を読み込んでいくのですが、一つ一つ読み込んでいくと知財の質が明らかになります。

「馬脚を現す」という言葉があります。お芝居で馬に扮する役者がうっかり足を見せてしまうことから、本来の姿が表にあらわれること、という意味があります。

B社でもまさに「馬脚を現す」という言葉通りになりました。

つまり、一見すると悪くはないのに、本質は悪かったのです。

前述の通り、知財件数こそ少なくはない。しかも管理体制は出来ていました。

しかし、**権利の質を詳細に見ていくと、内容が的外れだったり、権利範囲が狭かったりして競合を排除するのに足るものはなかった**のです。

ここで知財の質という観点で補足します。知財の質には2つの側面があります。

一つ目は回避容易性です。

知財は、回避が難しく容易に模倣できないのが望ましいものです。

反対に、回避設計が簡単にできて、競合が容易に模倣できれば、簡単に参入を許してしまいます。そのため、知財の質は低いのです。

もう一つは裁判での活用可能性です。

裁判において知財権の侵害と認められるためには一定の要件が必要です。

原告が、被告商品が権利範囲に入ることを証明しなければならないのです。

そのため、被告商品が権利範囲に入ることを証明しやすい権利が望ましいのです。

証明しやすい権利について、プリンを例に考えてみます。

プリンという発明をした時、普通、発明者は考案したレシピを弁理士に伝えます。弁理士はレシピに沿って「砂糖と卵を混練して蒸したお菓子」という内容で権利にします。

しかし、こうすると権利行使がし辛いです。「混練」とか「蒸した」というのは、被告の工場内での工程のため、相手方工場に侵入しなければ証拠が取れず証明出来ないからです。

逆に、「糖分を5％含み卵由来タンパク質が凝固したお菓子」とした場合には被告製品さえあれば、権利範囲に入っていることを証明出来ます。このように工夫しなければ証明しやすい権利にはなりませんし、弁理士は依頼人に忠実なため工夫は企業の責任です。

話を本論に戻します。

この観点からB社の権利を見ると、質が低いという評価をせざるを得ませんでした。B社の知財状況を正確に表現すれば、権利行使を「したことがない」のではなく、権利行使を「する力がない」ということだったのです。

B社の仕組みは、素人目線では、知財コンサルタントも入れた仕組みができていましたが、収益性というフィルタをかければほとんど意味のないものでした。

当然のことですが、B社の社員は知財責任者も含めてそのことに気付いていません。「コンサル入れてやることはやった」程度の認識でした。

なにか問題がありそうだと感じていたのはB社長くらいのものでした。

次の項では、引き続きB社を例として、高収益にできない要因について見ていきます。

低収益になる構造

投資の使い方

Ｂ社では投資に関する問題が２つありました。

１つ目は、投資できる余裕がないという問題です。

Ｂ社の損益計算書を手にした私がざっと計算したところ、過去３年、Ｂ社の粗利率は20％前後、営業利益率は１％程度でした。

釈迦に説法ですが、粗利から営業や間接部門経費に加え研究開発費を差し引いて営業利益を計算します。

先に述べたとおり、Ｂ社の粗利は20％ですから、十分な研究開発投資(例えば売上の５％)をしようと思ってもその余裕がなかったのです。

Ｂ社長の「研究開発ができていない」という言葉には、その余裕がないという意味がありました。

研究開発投資をしていないというのは、分かりやすくいえば、「その日暮らし」の状態です。全ての社員の頑張りが短期的な成果のためになっている状態です。

サラリーマン的経営者であれば自分の退任後は後任者に任せれば良いのでしょうが、

オーナー的経営者としては、これ以上ゾッとする状態はないのではないでしょうか？

もう一つの問題は投資するテーマがないという点でした。

幸いなことにB社長はオーナー社長。非常に強い危機感を抱いていました。

これまで研究開発が出来なかったのは、先に述べたとおり余裕がなかったからというのもありますが、投資機会がなかったこともありました。

本業強化的な投資機会がないということです。

単なるお金儲けの投資話はいくらでもあったでしょう。古くはコンビニ経営、最近では介護施設経営など制限をつけなければ投資話はいくらでもあったと思います。

しかし、B社長はそうした投資話よりも本業強化的な投資をしたがっていました。

言うまでもないことですが、本業強化に必要なのは投資機会です。

本書では、本業強化の投資機会を「研究開発テーマ」と呼びますが、B社には顧客要望対応案件はあっても、研究開発テーマはありませんでした。

「やるべきことをやっている」意識

低収益のB社では、どの部門の社員も「やるべきことをやっている」という意識でした。コンサルティングの過程でB社でのヒアリングの結果を3つ説明します。

一つ目は営業部門です。

営業担当者に聞くと、「あの顧客の工場でつくるのは△△だから、××の製品に提案のチャンスがある」と説明してくれ、顧客に入り込めている印象が持てました。

実際、顧客や市場の事を熟知していました。B社製品は高額の製造設備です。工場新設の時に設置されるのですが、B社の営業担当者は工場新設についても熟知していました。「やるべきことはきちんとやっていますよ」という説明を受けました。

二つ目は製造部門です。聞いてみれば、彼らは彼らなりの努力をしているということでした。「精一杯納期を守れるように、工程も工夫していますし、調達ルートも工夫しています。」と彼らは胸をはりました。

実際、コスト低減や納期に関しても出来る限りの努力をしているということでしたし、それは私にもそう感じられました。

三つ目は設計部門です。次のように言われました。「これまで、業務フローについては改善して来ました。最短最速で見積もりを出せますし、納期に関しても改善されているんですよ。」

過去の経緯を説明してもらうと、確かにＱＣＤのどれもが短くなるような改善がされていました。

このように、Ｂ社は既存のビジネスにおいては営業、製造、設計に関しても「やるべきことはやっている」意識でした。だからこそ、それまで生き残れたのだと言えるのかも知れません。

しかし、しつこいようですが、このようにやっていたとしてもＢ社の粗利率は20％前後、営業利益率は１％程度だったのです。

社員は皆、「やるべきことをしっかりやっている」つもり。しかし、利益は残らない。もしかすると、そのまま社員がやるべきことをしっかりやれば会社を存続させる位のことはできたのかもしれません。

しかし、売上と利益は違うものです。社員が「やるべきこと」を捉え違えると、売上をあげられても利益をあげることはできません。

次項では、第2章のまとめとして、成熟メーカーが低収益になる理由を３つ解説します。

低収益になる3つの要因

ここまで、B社の事例を通じて低収益成熟メーカーの実態を見てきたのですが、低収益になってしまう原因はどこにあるのでしょうか?

既に述べたとおり、B社では、社員は「やるべきことはやっている」つもりでした。しかし、やってもやっても低収益になっていく。この構造から抜け出せないのです。評論家的に「構造的な問題」と一言で片付けるとラクなのですが、B社長はそうは言っていられません。なんとか原因を特定し、解決しなければならないのです。

コンサルタントとして、B社に限らず多くの企業を見た経験からすると、成熟メーカーには、次の3つの課題があると考えています。

原因①キラー技術のない事業でも

一つ目は、独自性のない技術で事業を継続してしまうことです。

コンサルティングの過程でB社技術者がこぼしたのにこんな言葉がありました。

「この搬送装置は10年位変わっていないんですよね」というものです。

B社の製品はBtoBの製造装置でしたが、一部に搬送を伴うものでした。

搬送装置に関して調査したところ、搬送装置は約10年に渡って進化していないことが分かりました。

このことを開発の役員に聞いたところ、「効率が悪いことはわかっているんですが、部品の寸法が収まらないので、装置を大きくせざるを得ないんです」とのことでした。

装置を小さくすることは、「その他の案件が忙しくて…」という理由で設計の見直しは先送りされてきたようです。

装置の小型化をずっと先送りし続けられた代わりに実施してきたのが顧客要望対応でした。そうして、他社と同じような商品になったことは既に述べました。

断っておきますが、技術が古いことは何も悪いことではありません。

問題は収益が低いことです。B社の収益が低い理由は、古い技術をそのまま使い続けることによって、競争力を失っていることだったのです。

B社の名誉のために言っておきますが、B社は20年前は高収益企業だったのです。粗利率は40％を超えていたということです。しかし、ここ20年、競合が多数現れるようになりました。

私の経験では、B社のように格段の技術的進歩がない会社は少なくありません。そして、技術的進歩がないために、競合に簡単に追いつかれてしまい、価格競争に陥っているのです。

このように、**成熟メーカーが特徴的な技術のない事業をしたら必ず負ける**ことになります。本書では、独自性があり知財が取れる技術をキラー技術と言っていますが、キラー技術のない事業をしたら負けなのです。

原因②知財のない事業でも

二つ目は、知財のないまま事業を開始あるいは継続することです。

世の中には、知財が全く無い事業をする会社もあります。

言うまでもないことですが、知財が全く無いと簡単に事業が模倣されます。そうして、利益率が下がるのです。

利益率が低いと知った上で事業をしようとする経営者はいないのではないでしょうか。誰しも儲かるから始めるのです。

そうなのであれば、儲けられるように事業を設計する必要があります。

成熟メーカーにおいて、儲けられるようにする有力な手段が知財です。

知財のない事業でも継続してしまうことに、低収益の原因があります。

全く知財がないというのは分かりやすいですが、成熟メーカーの状況はそう単純ではありません。

B社でも、知財が全く無い状態ではありませんでした。私は知財責任者からこう説明されました。「この一覧の知財はほとんど、製品で実施していますよ。」

しかし、競合調査では、同等性能の競合品が多数確認されていました。要するに、B社では知財はあるものの、回避が容易であったという訳です。

「当時は知財コンサルを受けていましたので、何件も出したんです。」と知財責任者は続けました。必要性はなかったがとりあえず出してみた、と言いたそうでした。

そういう事情は仕方がないことですが、目的を見誤るとこうなります。

しかし、あくまでも知財取得の目的は高収益の維持にあります。その目的からすれば、B社では手段に走って目的を見失ったと言えるかも知れません。

知財の取得それ自体が目的になることはないのです。

B社のように知財を取得してはいるが、模倣されるというのが多くの成熟メーカーの実態に近いです。

知財に関しても「やるべきことはやっている」という認識で知財担当者は仕事をしているのです。

経営者としても、知財は大事だと思ってコンサルタントを招聘し体制を整えたという意識はあるというところでしょう。

そうして、知財は取れたのですから、一応、結果らしいものは出た、と評価しました。しかし、違和感がある。こんなところで止まっているというのが成熟メーカーの実態なのではないかと思います。

もしあなたがそんな経営者であれば、「知財は大事」という世間の常識ではなく、ご自分の尺度で判断してほしいと思います。

ハッキリ書きますと、**知財の成果は収益**なのです。収益が出ているかという観点で判断すれば良いのです。シンプルに、知財の取り組みが成果を上げていないから収益が出ていないと判断すれば良いのです。

原因③意見を言わない社員でも

成熟メーカーが低収益になる三つ目の原因は社員です。

「うちの技術者は全員電気の専門家ですよ。資格取得も奨励しています。」そう胸を張ったのは、B社の技術担当役員です。

B社のコンサルティングにおいて、B社の技術者の専門性を棚卸してもらったところ、技術者全員が電気の専門家であることがわかりました。

電気の会社ですから、社員が皆、電気の専門家であることは当然と言えば当然かも知れません。社員が皆同じ専門性を持っていれば、問題解決も早いです。

一方、B社長はこんなことを言っていました。

「うちの社員は意見を言わないんだよね。みんな大人しいっていうかね」

意見を言わない社員が多いというのは、B社長にかかわらず、多くの経営者が抱える課題です。専門職が多いにもかかわらず、意見を言わず、新しい事が起きない。それがB社の抱える課題でした。

よく技術部門や技術者を揶揄する表現として「タコツボ」という言葉を使うことがあります。これは高度に専門化しすぎて専門「外」に出てこれない、という意味で使われます。

保守的な専門家集団は前例のないことをしたり、新しいことをしたりすることを嫌うことが多いのです。

皆が既存の延長線で発想し、事前に確実にわかることしかしません。言い換えれば失敗のない研究開発をしたがるのです。

Ｂ社も例外ではありませんでした。専門家が多く、従来型の発想ばかりでした。そのせいもあり、Ｂ社では、新しい商品はあまりない状態が続いていたのです。

経営者が意見を出して欲しいと思っても、社員は誰も意見を言わないのです。言わないというよりも、言えないと言った方が良いでしょう。

なぜなら、経営者が求めているのは新鮮な提案だからです。

自社の専門家集団がいくら頭を使っても、出てくる発想はほとんど既知のものです。社員が、自らのアイデアを「大した事がない」と思っているので、言わない、言えない。成熟メーカーでは、そういう構図があります。

さて、本章のまとめです。

本章では、Ｂ社を事例にして、企業の実態や低収益になる理由を探ってきました。

次の第３章では、成熟メーカーの実態をしばし離れ、理論面から高収益を生み出す原理原則を探っていきたいと思います。

第3章

高収益を生み出す原理・原則

顧客要望対応で減益になる合理的な理由

本章では、高収益を生み出す原理原則について説明します。

最初に、顧客要望対応の開発で減益になる合理的な理由を説明します。

顧客要望があると、商品開発は楽にできます。要望をかなえてあげれば、お客様は高い確率で買って下さいます。

そのため、顧客要望対応を行うのは当然だと思うのが世間の常識だと思います。

「顧客要望には、対応しなければなりません。お客様が要望しているからです。」

こう書くと、確かにその通りだな、と思われるかもしれません。

どんな技術者であっても、誰かの役に立ちたいとは、自然に思っていることだと思います。ですから、顧客要望をヒアリングして提案し、試行錯誤しながら設計レベルに具体化するのは、技術者としては基本中の基本のはずです。

そのため、顧客のところに出向き、打ち合わせを行い、社内に戻って検討し、という社内業務をするのが技術者の基本行動ではないでしょうか？

経営者は、自社の社員がそういう行動をどれだけ高度に行えるかを大切にすると思います。つまり、経営者は、自社社員がどれだけ的確なヒアリング、的確な提案、的確な設計ができるかを大切にするのです。

実際、営業のみならず技術者に対しても、トレーニングを提供してそうできるようにしている会社は珍しくないと思います。

この話は営業と開発に限った話ではありません。顧客要望の中には短期的なものもあれば、中長期的なものもあるからです。

中長期的な顧客要望は営業でも開発でも対応できないため、大きな会社では研究と呼ばれる部署で対応することもあると思います。開発部門では対応しきれない位、実現が難しそうな顧客要望は研究部門が担当するという役割分担をする会社もあります。

このように、営業、開発、研究が、顧客要望対応をする場合は珍しくないと思います。むしろ世間の常識は、このような顧客要望対応かもしれません。

このような研究開発のあり方の背景には、顧客要望対応をすれば儲かる、という前提が隠れています。

儲からないことが明らかであれば、そのような仕事は誰もやろうとはしません。儲かる仕事だからやろうとするのです。

しかし、顧客要望をかなえてあげると本当に高収益になるのでしょうか？

増収なのに減益になった事例

顧客要望対応で高収益になるのか？

この質問に答える象徴的な事例がありますのでご紹介します。

とあるクライアントの事例です。このクライアントは産業用機械メーカーなのですが、そのスタイルはまさに顧客要望対応でした。というのは、商品はほとんどがオーダーメイドだったからです。

営業が顧客要望を聞き、引き合いが強い場合には技術者が出向いて仕様を確認し、詳細な見積もりを出して受注して設計を始めるというスタイルです。

このクライアントには研究部署はなく、営業と開発のみでした。まさに顧客要望対応に特化した組織でした。

数年前のことです。コンサルティングでは毎月会議をしますので、会議に出席するために訪問しました。

会社の玄関ドアを通って会議室に向かう廊下の道すがら、いつもと違うものが飾られているために目を向けたところ、表彰状が飾られていたのです。

表彰状は「最優秀業績賞」というものでした。「貴社は、当社の担当する地域の企業の中で、最も売上を大きく伸ばされましたので、ここに表彰します。」と大きく書かれていました。

私にはとてもは喜ばしいことだと感じられました。

翌月、同じ場所を歩いていると、表彰状が増えていることに気づきました。表彰状にはこう書かれていました。「表彰状　貴社は、当研究会で最高の業績を上げられましたので、ここに表彰致します。」

二回も続いて表彰されているのを見て、すごいな～と感心していました。ちなみに、クライアントの名誉のため、これは私がコンサルティングをした成果ではないことを断っておきたいと思います。私が関わってからまもなくのことであって、クライアントご自身の実力で獲得された成果です。

2ケ月連続で嬉しいニュースを見たため、私の印象には強く残りました。このクライアントの社長とは毎月打ち合わせをしていましたが、二度目に表彰状を見た後の打ち合わせでは、私は社長に「おめでとうございます」とお声かけしました。

表彰されたのですから、晴れやかな表情で嬉しそうに「ありがとうございます」とお答え頂くのを期待していました。表彰されるのは嬉しいことだと思うからです。

しかし、「ありがとうございます」とお答えになった社長の表情には、晴れやかさもうれしさもありませんでした。その時、私には理由は分かりませんでしたが、何故か渋い表情だったのです。普通、来年度の受注が決まれば両手を挙げて喜んでも良さそうなものです。しかし、全くうれしさを感じませんでした。

そして、その後、こうも言われました。「中村先生、すみません。」と。表情が優れないのは何か理由があるのかもしれないと思いました。売上が上がること自体、悪いことではなさそうだからです。訳が分からなかったため、思わず絶句してしまいました。

「え?何か悪いことがありますか?」と私が聞くと、社長は申し訳なさそうに話し始めました。

「表彰は喜ばしいし、売上は上がっているのは事実です。そして、中村先生には申し訳ないんですが、来年度の受注も確定しました。」

社長の言う事がだんだん分かってきました。来年度の受注が固まるほど、自分も社員も多忙になるため、コンサルティングに時間を割けなくなりかねないということです。社長は続けられました。

「実は、見積もり・契約の段階で非常に悩みました。この仕事を受けてしまうと、ほかのことは出来なくなりそうだ、と。」

コンサルティングを一旦延期する要望なのか、と思ったのですが、どうやらそうではなさそうでした。社長はこう続けられました。

「実は、この商談、非常に利益率が低いんです。」

聞けば、その利益率では、まさにギリギリという印象の数字でした。社長の渋い表情の正体は、受注が確定した安堵感が半分と、低い利益率によるなんとも言えない感覚が合わさったようなものだったのかもしれません。

詳しくお聞きすると、受注した全体規模は過去の売上をかなり上回る金額。さらに来年度どころか、その先の受注もあるとのこと。かなりの増収見込みのことでした。

しかし、しかしです。売上は倍増するのに、見積段階での利益面から計算すると、来年度は減益ということでした。なんと増収「減益」だったのです。減益幅も大きく、利益は四分の一に減ると言うことでした。

売上は倍になるため、単純に計算すると、社員の仕事量は倍になります。つまり、他のことは出来なくなります。一方、手元に残る利益は少なくなります。まさに「貧乏暇なし」という状態になります。

「コンサルティングの依頼をしてから、こうした受注をしてしまい、反省しています。社長としてとるべき仕事だったかと思うと、自分の中でも整理がついていません。」と、社長は言いました。

社長がこのように述べるのには理由がありました。コンサルティング契約をする前に、この社長も私が開催するセミナーに来場されています。そのセミナーで私が必ず説明することがあります。本書の中核的な主張でもあり、キラー技術開発法の礎をなす重要な考え方です。

それは何かと言えば、**顧客要望対応は減益を招く悪である**という主張です。

営業出身である社長にはやや衝撃的な主張だっただろうと思います。

しかし、セミナー後にも相談に見えられ、打ち合わせするごとに、徐々に理解を深められた社長は、徐々に研究開発の軸足を自社主導にするという方針を立てられたのです。

そうして理解を深めていたのに、大きな商談を目の前にして元営業としての欲が勝ってしまったという意味の話をされていました。

このクライアントの経験した顧客要望対応型の「増収減益」ですが、経営者であればかなり悪い状態だと考えていただきたい事象です。

というのは、「貧乏暇なし」になるからです。

顧客要望に対応すればするほど増収にはなっても増益にはならず、逆に減益になってしまうことはよくあります。社員は疲弊し、新しい事はできなくなるのです。

次節では、顧客要望対応は減益を招く悪という主張についてもう少し説明します。

「貧乏暇なし」を避けるためにやめること

なぜ顧客要望対応で減益になるのか、合理的な理由は3つあります。

理由1　同質化するから

顧客からスペック、図面やポンチ絵を示されて、「こういう製品が欲しい」と言われる場合を考えます。

顧客が大っぴらに教えてくれる要望というのは、大した秘密ではありません。

顧客は他の業者にも要望していると考えるのが利口です。他の業者も同じ事を教えていれば、市場に出た後にどうなるかは自明です。そう、同じ商品が市場に出回るのです。

顧客要望対応が減益を招くのは、競合と同質化するからです。

なお、本書で提案する顧客の潜在課題に着目した投資であれば、同質化にはなりません。

理由2　投資に費やせる時間がなくなるから

顧客要望対応の増収効果によって、必ず社員が忙しくなりますね。目の前の業務をやらなければならない状態ですから、それは必然です。

そして、忙しくなったら、新しいテーマを実施する時間がなくなるのです。新しいテーマにこそ、増益のチャンスはあるのですが、そうした時間すら割けないことになるのです。

理由3　投資の原資が生まれないから

理由の3つめは投資するお金がなくなることです。社員がどんなに一生懸命やっても、利益が残らない。儲からないと研究開発に投資もできません。研究開発に投資ができないということは、増益のチャンスを逸してしまうということです。

増収減益は、なぜ起こるのかと言えば、ほとんどの場合、顧客要望対応をするからです。「要望があるからやる、やるから売れる」という循環が増益につながっているうちは良いのですが、それには賞味期限があります。

以上、3つの理由のため、顧客要望対応は減益をまねくのです。

もちろん、顧客を無視するべきだとか、顧客の言うことは一切聞かなくても良いと言っているわけではありません。何事にもバランスは大事です。

顧客要望への対応といえば、例えば、特注品への対応、見積もり依頼、設計支援、技術支援、等々業務を上げればきりがありません。しかし、よく見ると増益には役に立っていない業務はいくらでもあるのです。

増益に貢献している認識がないままで顧客要望に対応していると、ほぼ必ず減益になります。

増益テーマに集中するには、端的に言えば、顧客要望対応の業務はヤメるという強い決意が必要なのです。

このような主張をすると、2つの反対意見が出されます。2つの意見と筆者の主張について説明します。

一つ目のご意見は、そんなこと言っても、「顧客要望対応をヤメたら目先の売上を上げられないではないか」、というご意見です。

確かに、何も考えずにいきなり全部ヤメるというのは考えものです。私でもいきなり全部やめようとは思いません。

しかしながら、顧客要望対応をし続けると必ず減益になりますので、上手に決別することが必要であることには変わりません。限られた時間をどこに振り向けるのか、見直しをしないという理由にはならないのです。

二つ目のご意見は「顧客要望対応をヤメると開発のネタがなくなってしまう。」というものです。そもそも、新しい商品を企画する時に、営業担当者や顧客要望を反映することになっているからです。

確かに、顧客要望に対応していれば開発し続けられます。開発者に仕事を与えるという意味ではそれは正しいです。

開発した商品が収益を生み出すのであればそのような開発のやり方で良いのです。しかし、**開発した商品が収益を生み出さない場合があります。**

それは価格主導権がなくなった場合です。

前述の通り、競合が複数になると粗利率は低下します。競合が4社以上もあれば、20％台でしょう。そうした状況で顧客要望に対応しても価格主導権は取り戻せないのです。「開発のネタがなくなる」から顧客要望対応をするというのは、リターンの見込めない投資をし続けることに他なりません。およそ賢明な経営者のすることではないことは明らかでしょう。

顧客要望に対応して減益になっている場合、社員は「頑張っているのに儲からない。おかしいな」という認識でしょう。

しかし、経営者は、社員に顧客要望対応をやらせながら増益を期待するようなことはしてはいけません。合理的に無理な話だからです。

そのため、経営者は社員に何をしてもらうのかを必死に考えなければなりません。最もしてはいけないのは、なんの考えもなしに顧客要望に対応させ続けることなのです。中長期的に必ず減益につながるからです。

繰り返しますが、顧客要望に対応するのは悪です。

ただ単純な悪ではありません。言い換えれば「甘い罠」のようなものです。なぜなら、顧客要望対応はやりやすい仕事ですし、売上が上がるからです。

しかし、繰り返せば必ず減益となる日が来ます。

これまでのところで、顧客要望対応は減益を招く合理的理由を説明しました。

次項では、経営者がなぜ顧客要望対応をしてしまうのか、その原因をお示しすると共に処方箋、つまり「どうすれば、増益になるのか?」についても検討を進めたいと思います。

経営者が陥りがちな思考の罠

典型的思考の癖

経営者が顧客要望対応をしてしまう原因。その解説のために、成熟メーカーの日常のことを説明します。

あなたは、研究開発テーマ（投資案件）をどのような評価しているでしょうか?

一般的に、経営者はその商品を開発すれば売れるのか?ということを考えると思います。

また、技術的に実現が可能なのか?を考えると思います。

次のページの図2は、こうした経営者の考え方を示したものです。

図2について説明します。

横軸は技術的実現可能性、つまり、技術的な課題を解決できるかを端的に評価したもの。

縦軸は市場性、つまり売れるかどうかを評価したものです。

ご注意頂きたいのは、縦軸も横軸も確実性であると言うことです。つまり、市場性であれば、売れる確率が高いか低いかであって、市場性が低いというのは売れないと決まっていることではありません。

図２のポイント
ほとんどの経営者には、「売れるか、できるか」の軸で考えるクセがある。
そのクセが染み付くと、その軸で会社の仕組みが出来上がり、「顧客要望対応テーマ」は実施されるものの、「問題児テーマ」は常に実施されない。

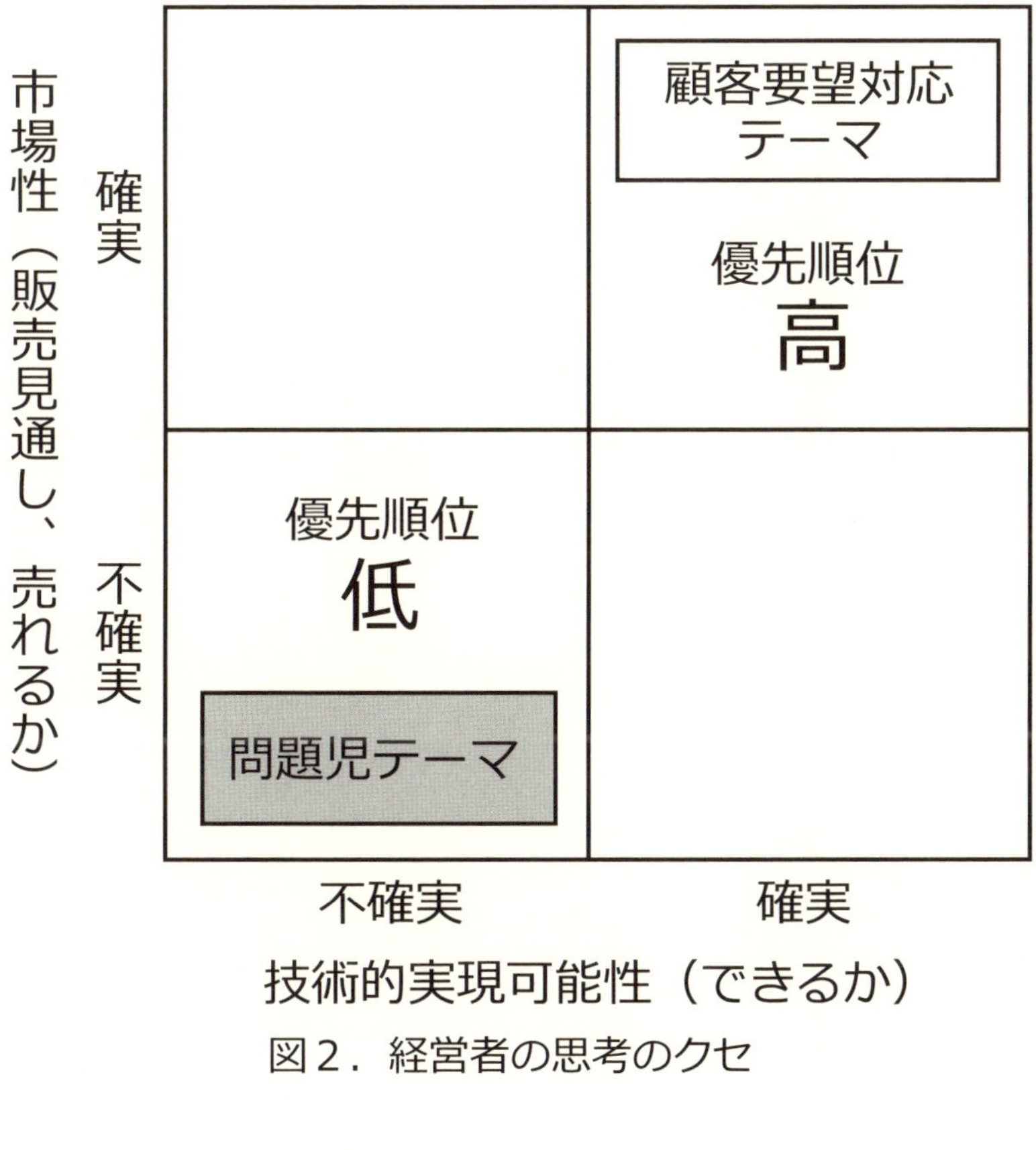

図２．経営者の思考のクセ

図の右上にあるのは顧客要望対応テーマです。顧客要望に対応すれば、売れる確実性は高いため、縦軸では上にしてあります。また、特に下請け関係の場合、技術的難易度が低い案件が依頼されるものです。そのため、横軸で右にしてあります。

一方、左下には問題児テーマがあります。問題児テーマとは、例えば、自社発案のテーマです。顧客要望に基づくものでないため、売れるかどうかわかりません。こうしたテーマの技術的難易度は様々ですが、顧客要望の最たるものである下請けテーマよりも不確実性が高い場合があるでしょう（例外もあります）。

「売れるか、できるか」思考が危険な理由

このような評価表を見せられて、どちらに投資しますか？と問われれば、ほとんどの人が右上の顧客要望テーマというでしょう。

私でもそうします。確実に売れ、出来ることが決まっているからです。

あなたでも、限られた投資予算は右上の顧客要望テーマに振り向けるのではないでしょうか？経営者であろうがなかろうが、この意思決定は一般的です。私達は普段から、「売れるか」、「できるか」という軸で考えているのです。

経営者がこのような軸で考えてしまう。これこそが、経営者の思考の癖であり、顧客要

望対応をしてしまう大きな原因です。

経営者の思考の癖がなぜ減益を招くのでしょうか？

図2から明らかな通り、「売れるのか」「できるのか」で考えれば、ほとんどの場合、顧客要望対応案件が高く評価されるからです。

逆に、問題児テーマは低く評価されます。

どちらを実施することになるかは図を見れば明らかです。顧客要望対応テーマを実施し、問題児テーマを実施しないのです。

経営者としては合理的に行動しているつもりです。「売れるのか」「できるのか」で合理的に判断しているからです。

しかし、顧客要望対応が減益を招くことやその理由は既に指摘したとおりです。

では、どうすれば高収益になるのでしょうか?端的に言えば、右の考え方と逆の考え方で思考すれば良いのです。

次項では、高収益を生み出す原理原則を振り返りたいと思います。

高収益の原理原則

高収益の原理原則①競争戦略

どうすれば高収益になるのか？これを検討する上で少なくとも顧客要望対応ではないことは説明できたと思うのですが、代替案をまだご提示していません。

顧客要望対応をやめると、増益にするための研究開発のやり方を考える必要があります。どうすれば増益になる研究開発のやり方を実践できるでしょうか？

経営者には釈迦に説法にはなりますが、本書の根幹をなす部分ですので、少しだけお付き合い頂ければと思います。ほんの少し紙幅を割いて、経営学の大家・マイケルポーターの代表的著作「競争戦略」の主張を振り返ってみましょう。

競争優位

競争優位とは、何らかの理由で競合よりも高い収益性を得るという状態のことです。

差異化（差別化）

差異化とは、競合とは異なる顧客価値を提供することにより、競争優位を実現する戦略です。

技術的には、異なる顧客価値を実現する技術が大切です。

この戦略をとる場合には差異化を実現する独自技術が大事です。技術が競合に模倣されると、差異化できなくなるため、差異化したポイントの知財化が大切なのは言うまでもありません。

コストリーダーシップ

コストリーダーシップとは、競合よりも安く販売しても利益がでるようにすることによって、競争優位を実現する戦略です。

技術的には、競合よりも安く製造できる技術が重要です。

この戦略をとる場合にも、独自技術、つまり、競合よりも安く製造できる独自技術が大切です。技術の知財化が大切なのは言うまでもありません。

以上、非常に簡単に競争戦略のポイントをおさらいしたのですが、要するに、**顧客価値の独自性がなければ高収益にはならない**ということを端的に説明したのが競争戦略です。

高収益の原理原則②知財の質

どうすれば高収益になるのか？に関して、次は知財の面から検討したいと思います。そのためにまずご理解いただきたいのは、知財には質があるという話です。

次のページの図3をご覧ください。だるま落としのような図が書いてありますが、少しいびつで、下の方が面積が広く、上の方が狭くなっているのが分かると思います。

面積が広いというのは、知財の質が高いことを意味しています。

知財の質が高いとは、競合を排除する効果が高いということです。第1章でも説明した通り、知財は権利行使できるものは重要です。

逆に、権利範囲が狭くて権利行使できないものもあります。こうしたものは権利であっても実質的に役には立ちません。こうした知財は面積を狭くしてあります。

上下の関係は基本特許か応用特許かという関係性を示しています。

だるま落としの左右に例が書いてあります。

図の右側では、セットメーカー向けに自動車のバックカメラをイメージしています。

「バックカメラ付きの自動車」という基本特許は下の方に書いてあります。

図３のポイント
・面積は権利範囲の広さ（排他性）を表す。
・応用特許は基本特許よりも権利範囲が狭い。

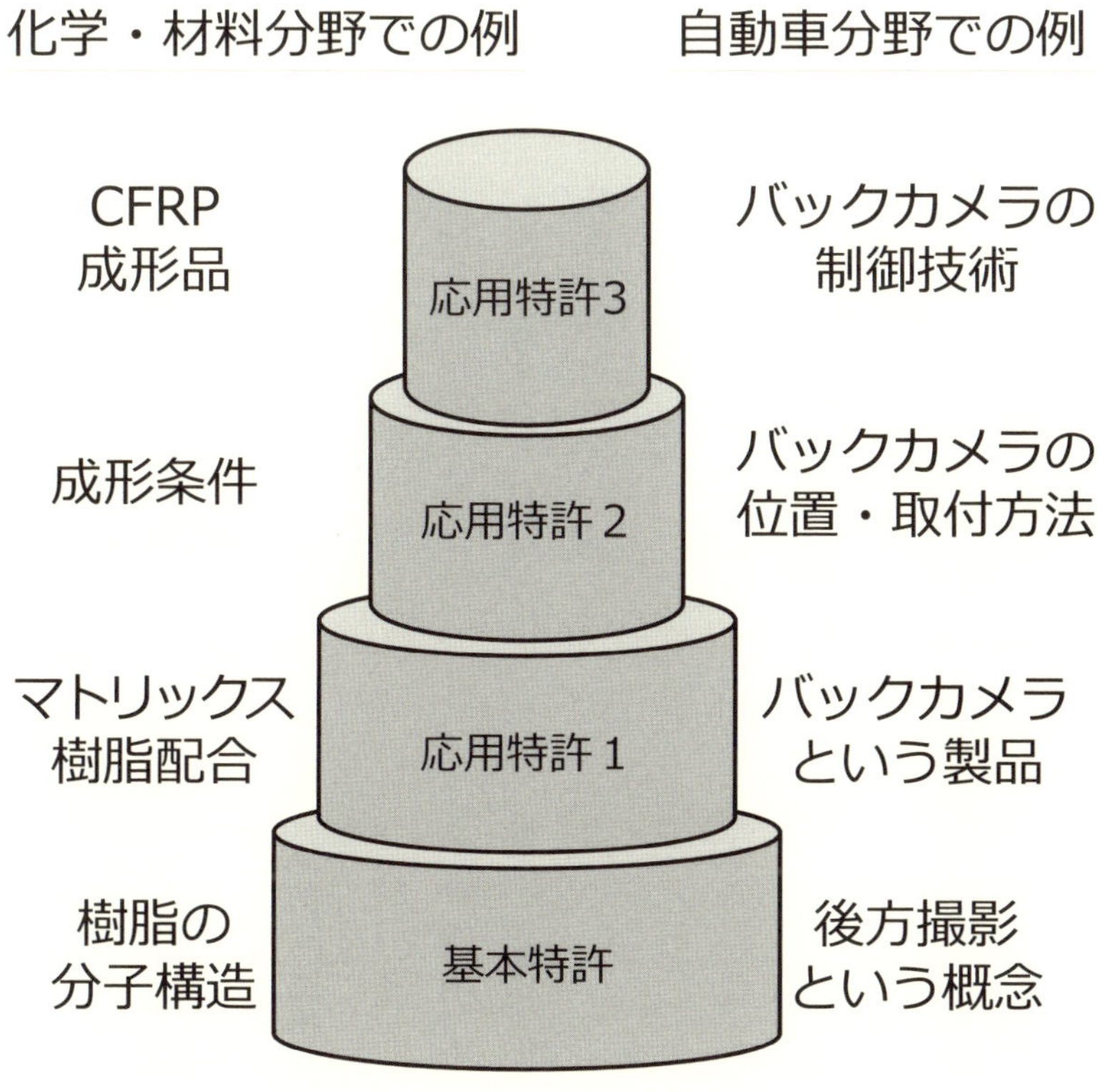

図３．知財の質と関係

その応用特許として、「バックカメラの位置・取付方法」という特許も考えられますが、上の方に書いてあります。

また、「バックカメラの制御方法」とあるのは、例えば、シフトレバーをRに入れたときに自動でカメラがONになるような制御方法のイメージです。

応用特許は「バックカメラ付きの自動車」の特許よりも権利範囲は狭いこととなるため、面積も狭いです。

一方、左にあるのは化学等の川上メーカーのイメージです。CFRP（炭素繊維複合材）をイメージしていますが、最も基本的な特許となるのは、樹脂や繊維の構造に関するものです。一方、応用特許で権利範囲が狭くなるのは、成形の条件などです。

非常に単純化して基本特許と応用特許の関係を説明します。

基本特許を保有している会社は強いのです。なぜかと言えば、基本特許を実施する全ての会社を排除することができるからです。

一方、応用特許しか持っていない会社は弱いのです。なぜなら、権利範囲が狭いため、模倣者を排除出来ないことが多いからです。

つまり、知財を取得するのであれば、基本特許でなければなりません。競合を排除出来なければ模倣されてしまうからです。

企業として、どうせとるのなら質の高い知財をとった方が良いというのは当然です。

そのため、どうしたら質の高い知財がとれるのかを検討する必要があります。

本書は知財の専門書ではないので専門的な説明は省略しますが、簡単に説明すれば、質の高い知財をとるためには技術的な独自性が必要です。

というのは、特許要件があるからです。新しい技術分野を切り開くような独自性の高い技術を出願すると、引用文献が少なく、特許を認められやすいのです。

つまり、質の高い知財を取るには、技術的な独自性が必要ということなのです。

専門的で込み入った話をかなり簡略化していますので、分かりにくい部分があるかも知れません。しかし結論は単純です。

知財面から見た場合、高収益にするためには、技術的な独自性が必要なのです。

ここまで、高収益の原理原則を見てきました。一つが、顧客価値の独自性です。

もう一つが技術の独自性でした。次節では、これを現実に適用する検討をしていきます。

原理原則を現実に適用する

独自性のあるものを

ここまで、非常に簡単ではありますが、競争戦略及び知財面から見て、高収益で重要なポイントをまとめてきました。競争優位になるために必要なのは、顧客価値の独自性でした。知財面から言えば、技術の独自性が必要でした。

ここで思い出して頂きたいのは、図2の縦軸・横軸です。図2の縦軸は市場性、横軸は技術的な実現可能性でした。一般的には、「売れるのか？」「できるのか？」という軸で、テーマを選別して実施するかを決めています。そして、不確実性の高いものは優先順位を下げて先送りになりがちになることも説明しました。

しかし、競争戦略と知財からは、顧客価値の独自性と、技術の独自性という異なる軸が浮かび上がってきました。

図2の縦軸と横軸とは全く異なる物であることが分かります。図2のように売れるのか？　できるのか？　で通常考えているとすると、高収益化の軸はかなり異なることがお分かりいただけると思います。両者は似て非なるものなのです。

図4をご覧ください。

図4のポイント
・高収益のためには顧客価値の独自性が大切（タテ軸）。
・基本特許取得のためには技術の独自性が大切（ヨコ軸）。
・この軸では、「顧客要望対応テーマ」は低評価となり、
　「問題児テーマ」が高評価となる。

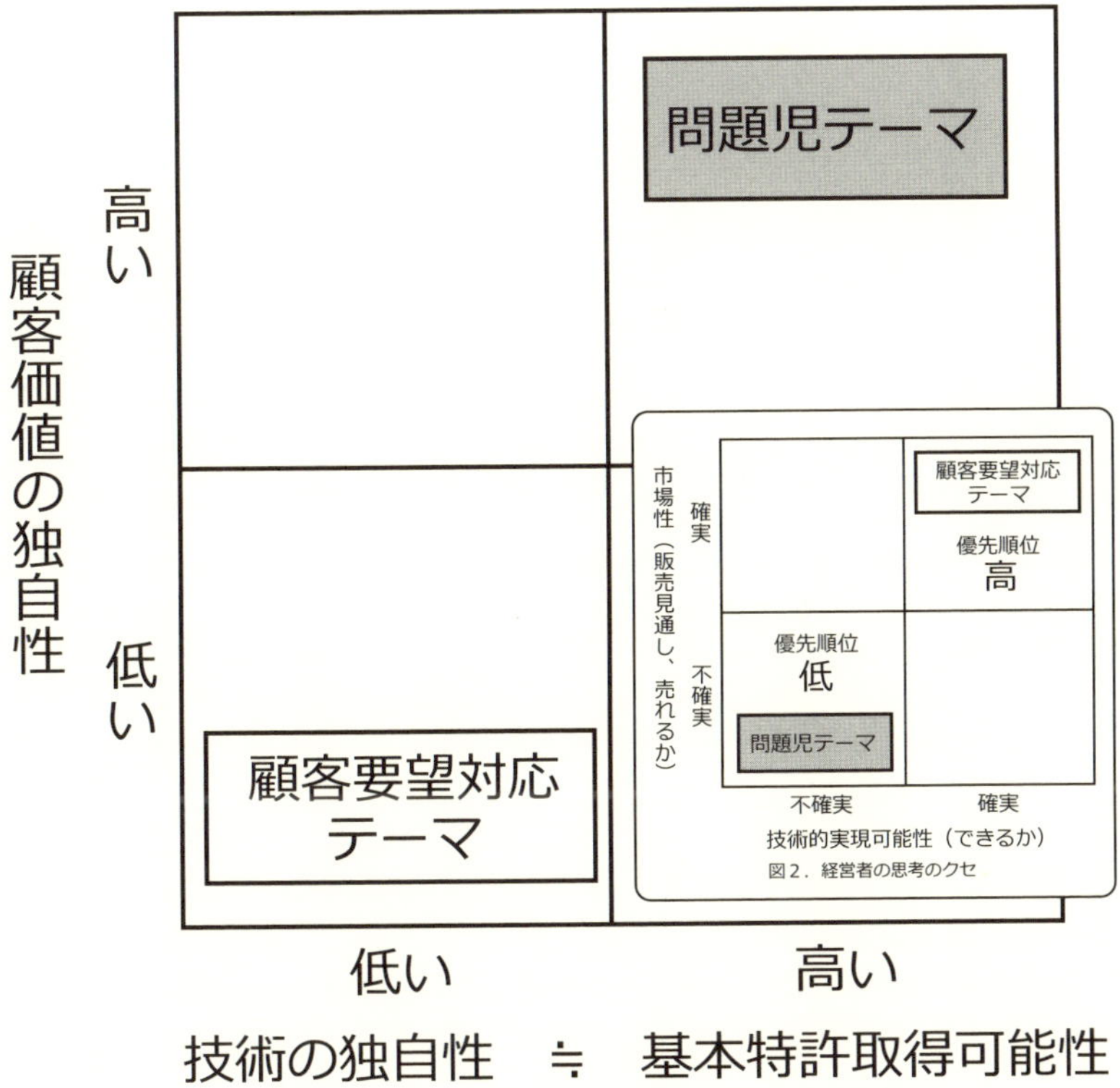

図4．キラー技術開発法の考え方

横軸は技術の独自性（基本特許の取得可能性）をとっています。高収益の条件として、前項で質の高い特許が大事であることには触れましたが、横軸は正にその軸です。縦軸は顧客価値の独自性をとっています。競争戦略では高収益の条件として独自性が大事であることを触れましたが、まさにそのことを示しています。

つまり、図4は競争戦略、知財の面から見た高収益の条件を反映した評価軸です。

比較のために図2を合わせて提示しています。図2と比較して見てみると、顧客要望テーマと問題児テーマが入れ替わっていることが分かると思います。図2で高い評価をされた顧客要望テーマが、図4では低評価となっています。

このことが意味するのは、顧客要望テーマは、高収益という観点からは高評価されないということです。

顧客要望対応が低収益を招くという本書の主張の根拠はここにあります。

一方、図4では右上に問題児テーマを示しています。顧客価値と技術の双方で独自性が高い問題児テーマをやると高収益になるのでしょうか？

すでに競争戦略のことをさっと復習しましたが、高収益の理由は独自性にありました。

さらに、これも既にお示しした通り、知財面から見ても、独自性があれば質の高い知財がとれることも分かったと思います。

そうだとすると、図4で右上にある問題児テーマをすることで競争優位すなわち高収益になるというのはまちがいありません。このことは、経営学という学問及び知財面からの論理的結論と言えるでしょう。

論理的に言って非常に説得力のある結論だと言えますが、実践に際しては注意点がいくらかあります。そのうちの2点を以下で説明します。

一つは、独自性が高ければどんなテーマでも良いということではないということです。少なくとも独自性がなければならないということであり、奇抜すぎて受け入れられないものにいくら投資しても実らないのは言うまでもありません。

二つ目は、本当に独自性があるかは確かめなければならない点です。商品を市場に投入してみたら他社とかぶっていたというケースは少なくないのです。独自性の検証は非常に大切になります。

繰り返しになりますが本書の中核的な主張であり、重要なことなので申し上げます。

独自性の高いテーマを実践することでこそ、高収益化は実現出来るのです。

顧客要望対応をこれまで一生懸命やってきた経営者からすると、違和感があるどころか、反発したくなる結論かもしれません。

しかし、これは私が導いたものではなく、経営学及び知的財産法制度から見た、論理的結論なのです。反発したところで、成功する見込みはないと言って良いでしょう。重力に抗って飛ぼうとする努力が失敗に終わるようなものです。

図2と図4からも明らかなとおり、顧客価値や技術的な独自性を追求することと、市場性や技術的実現可能性を考えるのとは全く異なることです。経営者はこのことを意識する必要があります。

中長期投資ができない構造要因を

高収益テーマの性質が分かったところで、それを妨げる要因について見ていきます。

図2と図4では考え方が全く異なるとはいえ、独自性を追求する図4の考え方は当然と言えば当然です。

独自性の高いテーマと（一般的には「研究」）は、顧客要望に対応するテーマ（一般的には「開発」）とは違うのです。

私が言わなくても，日本語ではそもそも研究と開発は異なるものです。しかし、往々にして混同されています。「研究開発」という言葉が両者を一体化していますので、分離して考える機会は人によってほとんどないかも知れません。

私は、研究と開発の違いの分かりにくさが中長期投資をできなくする構造的要因であると考えています。そう、どんな成熟企業でも、高収益化には独自性の高いことをしなければならないのです。

ただ、「研究」というと、成果が出るまで長期間を要する基礎研究に近いものをイメージしがちです。確かに、基礎研究と言えば、お金がかかり、リスクが高いものであるというイメージがあると思います。また、顧客ニーズを無視したものが「研究」だという意味を感じる経営者もいます。

そのため、研究をしないという方針の経営者がいるのも頷ける話です。

しかし、言葉の違いが示すとおり、研究と開発は異なるものです。そして、経営者が絶対に意識しなければならないのは、言葉はどうあれ、独自性の高いテーマへの投資が出来なければ、企業は存続できないという事実です。

次の項では解決策を見いだすために、さらに課題を明確にしていきたいと思います。

原理原則が適用できない2つの理由

理由①経営者が注意すべき言動

本項では、独自性の高いテーマに投資出来ない理由が経営者自身にあることを2つの面から説明します。

一つ目は経営者の何気ない言葉です。

次のような状況で、あなただったら、彼（女）に対してどう反応するでしょうか？思い浮かべて欲しい状況は次のようなものです。

あなたの会社で、最も元気な若手があなたに新しい提案を持ってきたシーンです。彼（女）から「社長、ちょっと良いですか？」と声をかけられたあなたは「良いよ」と応じて時間をとります。そうして話を聞いたところ、顧客要望とはあまり関係のない、あまり聞いたことのないテーマを話してくれたとします。独自性はあるが、時間がかかりそうなテーマでした。

こうした状況に直面したら、あなたは彼（女）にどう声をかけるでしょうか？

「売れるの？」前のページの質問に対して、独自性のあるテーマに積極的ではない経営者は社員にこう言うかも知れません。

社員はどう受け取るでしょうか？

「うちでは独自性があることは出来ないんだな」と受け取るでしょう。

そして、どんな経営者に対しても忖度は働くものです。そう言われた彼（女）は、次から独自性があることを提案しなくなるでしょう。


コンサルタントとしての経験で言えば、このような対応が代々の経営者によってなされてきた会社では、顧客要望対応の開発しか出来なくなります。

社員としては、顧客要望対応テーマの方が楽です。顧客が付いていますので、顧客要望対応テーマをやれば「顧客が買ってくれる」と胸を張れます。短期で成果も出ます。

一方、独自テーマとは言え、顧客もついておらず、経営者の後ろ盾も得られないものを誰がやるというのでしょうか。誰もやりません。

そうして、会社全体として、独自テーマをやらなくなるというわけです。

このように経営者の何気ない一言が、社員から見れば「うちでは売れるのが明確なテーマ、短期間しかかからないテーマしかやらない」という暗黙の意思表示となり、事実そのように受け取られかねないということを、経営者は自覚する必要があります。

経営者は、言動に注意を払う必要があるのは言うまでもありません。

さらに気を配り、自分の何気ない一言でも自社で独自テーマが検討できるかを決定的に決めることがあることに注意しておかなければならないことです。

仕事柄、このような会社のことをよく見てきました。この課題は、中小企業のみならず、大企業にもあります。

経営者は研究と開発の違いがなかなか分かりづらいだけに、この違いを十分に理解した上で、言動を制御する必要があります。

理由②理解と実践は違う

二つ目は理解と実践は違うということです。

正直に書けば、高収益化のために独自性が必要、ということを理解していない経営者はいません。

しかし、代々の経営によって、一度顧客要望対応型の組織にすると、顧客要望対応はやりますが、独自テーマは二の次になります。

本書の主張は、独自テーマが必要というものですが、こうしたことが経営者の頭の中で理解されることを求めているのではありません。また、当然ですが、気合いや根性の話でもありません。

経営者の頭の中で理解されていることを、実践しなければ意味はないのです。

「分かっているが出来ない」ということは、スポーツの世界では普通です。

例えば、野球のバッティングではスイングを速くすることが求められます。そうしないと速球に追いつけないからです。

しかし、速くしなければならないことが頭の中で分かっていても、実際に身体でそうすることができるのは一握りです。

頭で理解することと実践することとは違います。

経営者が、頭の中で理解していることを実行するというのは、経営者が自ら手を下して独自テーマをすることではありません。社員に独自テーマを創造・推進させることです。

そのため、経営者の役割はただ一つです。

独自性の高いテーマを実行する仕組みを作り実践することです。

高収益を実現する仕組みとはどのようなものか？

本章では、私は至極当然の常識的なことを書いているつもりです。そのため、高収益を実現する原理原則について、ここまでは理解が容易だと思われると思います。あまり疑問の余地はないのではないでしょうか。

しかし、どのような仕組みが必要かに関してはまだ触れていません。

詳しくは第5章で触れますが、本章では少しだけ、概要ついて触れておきたいと思います。仕組みには2つの側面があります。

側面1．独自性を実現する仕組み

まず、独自性のあるものを発案し、推進するのは社員であることを念頭において下さい。経営者自ら実施するわけではないのです。

社員が独自性のあるテーマの推進することを仕事にするには、どうすればいいでしょうか？

それには、顧客の**潜在課題を解決する技術戦略**が必要です。

技術戦略とは、どのような技術を開発するのかを決めるための活動です。

技術系の社員が中心となってどのような技術を開発する場と言えば、予算策定がイメージしやすいと思います。

よくある予算策定の方法としては、営業部門で顧客要望を一覧化してもらい、優先順位をつけてもらう事ではないかと思います。技術部門としては、優先順位に対して予算をつけていると思います。多くの会社では、このような予算策定がそのまま技術戦略になっていることが多いのです。

しかし、このような仕組みでは独自性の高いテーマを実現することは出来ません。顧客要望対応の技術戦略を作っても意味はないのです。

むしろ、必要なのは、顧客の潜在課題を解決する独自性の高いテーマを複数実行する技術戦略です。独自テーマを事業化していくのに予算をつけていくことが本来必要な技術戦略なのです。

予算をつけてもらったということは、経営者の後ろ盾があることと同義です。社員にとってこれほどありがたいことはないのです。社員は胸をはって独自性のあることが出来ます。

経営者は、従来型の予算策定活動とは決別し、本来あるべき技術戦略を追求しなければなりません。

独自性を実現する仕組みとは、正しい技術戦略を策定する仕組みなのです。

側面2. 知財面の仕組み

次に、知財面から見た場合、どのような仕組みが必要でしょうか？

結論から言えば、知財面から見た望ましい仕組みとは、独自テーマに投資ができる仕組みです。

どういうことか説明します。

知財を出願するためには、技術的にある程度できていなければなりません。アイデアだけでも結構ですが、単なるアイデアというのは、出願中に苦しくなることが多いです（弁理士の実務的な視点から見ても、明細書が作成しづらいです）。

素人的には、独自性の高いアイデアがあれば出願できると感じられるかもしれませんが、筆者の経験からすれば実際はそうは行かないことも多いのです。

知財を出願しようと思えば、きちんと研究開発をしていなければ出来ないのです。

きちんと研究開発するには、アイデアに投資ができなければなりません。投資した研究開発の成果がまとまっていると出願しやすいからです。

しかし考えてみてほしいのですが、これは顧客要望型の開発テーマへの投資ではありません。

むしろ逆の、図1の問題児テーマに投資しなければならないということです。

問題児テーマは「独自性がある」と言えば聞こえは良いです。

しかし、海の物とも、山の物とも分からない物に一定の金額が出ていくとして、あなただったら投資できるでしょうか？

第1章で、A社長の悩みを紹介したとおり、顧客要望対応に慣れた成熟メーカーでは、独自テーマにどの程度のお金がかかるものなのか、どの程度見通せるものなのか、経験が全くない状態です。

そんな中で投資ができなければならないのです。

A社長のように逡巡した結果、投資ができれば良いでしょう。しかし、この心理的な壁というのは、慣れない経営者には乗り越えられないものかも知れません。

顧客要望対応テーマに慣れた会社では、顧客要望対応の推進にも知財の取得にも苦労はありません。というのは顧客がついているためです。

しかし、これまで慣れていない独自テーマへの投資は、支出が明確な一方で、顧客要望対応ほどリターンが明確ではありません。

独自テーマに投資するということは、これまで買ったことがないような計測器を購入する場合もあります。また、試験的にユーザー製品を購入する場合もあります。

こうした費用が具体化した時点で経営者が尻込みしてしまい、結果的に知財出願はおろかテーマ推進にも窮してしまうことは少なくありません。

これらのことを全て乗り越えていかなければ、特許が出願できません。

つまり、知財面から見た望ましい仕組みの構築は出来ないのです。

そう、**知財面から見た望ましい仕組みとは、先が見通しづらい独自テーマに投資ができることなのです。**

さて、第3章では、競争戦略や知財面から高収益の原理原則を振り返り、その後、それを実践できる仕組みづくりをすることが経営者の仕事であるという枠組みをご提示しました。

第4章では、経営者に必要な思考の枠組みを提示したいと思います。

第4章

高収益化の帝王学を意識しているか

経営者の帝王学

二代目経営者の方のインタビュー記事などを読みますと、社長になるように運命づけられた人が、「父である先代社長から経営のイロハを教わった」というエピソードを聞いたり読んだりしたことがある人はいるのではないでしょうか。

第5章で高収益企業の仕組みを解説する前に、本章では、それを生み出す経営者の思考方法を解説することにしたいと思います。なぜかと言えば、仕組みやノウハウよりも重要なものであるからです。

高収益企業経営には、経営者ならではの意思決定が必要だと考えています。

高収益企業の経営者がするのは、緻密な論理での意思決定ではありません。論理が不要という訳ではもちろんありませんが、論理性・緻密性というよりも、直感的、俯瞰的、イメージで意思決定する方が実際に近いのです。

どなたでも、帝王学という言葉を聞いたことがあると思います。どこかで聞いたことがある言葉なのですが、帝王学が学習できる学校や大学はありません。というのも、この帝王学、実は確立された学問ではないのです。

辞書によれば、「帝王学（ていおうがく）とは、王家や伝統ある家系・家柄などの特別な地位の跡継ぎに対する、幼少時から家督を継承するまでの特別教育を指す。学と名はついているが明確な定義のある学問ではなく、一般人における教育には該当しない。」となっています。

この定義からも分かる通り、帝王学は言語化はしづらく感覚的なものだし、学習はできず体得することが多いと感じています。

そのためか、多くの企業で経営のバトンタッチは、時間をかけて行われますし、経営者は後継者候補の言動をよく観察して選ぶのが通常でしょう。

私は、高収益企業の経営者には、高収益を実現するための帝王学を身につける必要があると考えています。なぜなら、高収益企業を実現するためにはある意味で特殊な意思決定をする必要があるからです。

特殊な意思決定とは、高収益を実現するための組織を動かす資源配分です。社員の属する組織をどのように編制し業務を行わせることで、顧客価値や技術の独自性を実現出来るのかを考える、あるいは感じることです。

このような意思決定に必要なのは、高収益に関する少々のロジックに加え、組織を有機的に捉える感覚、実施徹底させる統率力等、が必要です。本章では、その要素を概観したいと思います。

本物の経営者は粗利20％台をどう評価するか？

帝王学の最初は、収益性に対する感覚です。

結論から申し上げますと、成熟メーカーで粗利20％台は危機的であると認識すべき水準です。

平成18年度から平成27年度の法人企業統計によれば、年によって多少の増減はあるものの、平均して粗利率は約20％です。

約20％というのが日本の平均値ですが、20％台というのは低収益であるというのが、私自身の感覚です。

新しいことを仕掛けるためには間違いなく20％前後では不足しています。

かなり極端な言い方かもしれませんが、低収益は私たち人間を蝕むものです。

自由時間がないばかりでなく、展示会に行こうにも、本を買おうにも先立つもの（お金）がなければできません。結果、新しい情報に疎くもなりますし、新しいことを仕掛けられないのは個人的にはとてもイヤです。

この収益性への感覚は私自身の個人的価値観がもとになっているのですが、客観的にみても新しいことを仕掛けていくためには必要な収益性というのがあると思っています。

粗利の話に戻りますが、20％の粗利では、そこから、物流経費・広告宣伝などの一般管理費を差し引くと、たちまち営業利益がなくなっていきます。

それでは、事業を支える研究開発はおろか、新商品・新事業のための自由度の高い研究開発などできるはずがありません。

新しいことを仕掛けるためには、20％前後というのは論外であることを認識する必要があります。

一方で、粗利10％台を含む20％前後はあくまでも日本企業の平均値ではあります。そのため、平均点ということで満足しても良いのかも知れません。

しかし、その収益性で本当に存続できるのでしょうか？　私がこのような投げかけをするのには3つの理由があります。

理由①十分な投資ができない

利益が十分になければ投資はできないのは言うまでもないことです。粗利20％台では、どう頑張っても十分な研究開発費を出すことはできません。投資が限定的になるということは、売上が確実に上がりそうな既存商品の顧客要望対応くらいしかできないことになるのです。

でしょう。

理由②投資対象すらみつけられない

繰り返しますが、粗利20％台は十分な時間もない状態です。時間がないのですから、新しいテーマを見つけるための情報収集や研修にすら行けないでしょう。

社員に「必要なら研修に行っても良い」と言っていたとしても、社員は多忙や忖度（そんたく）を理由に言い出せないでしょう。そうして投資対象すら見つけられないのがオチです。

フトコロの寂しい経営者でも、社員には「必要なら○○しても良い」と言うものです。しかし、この言葉の響きには妙なところがあります。経営者が社員に責任をなすりつける意味が出るのです。

その理由は、例え話で考えますとわかりやすいです。お金に困っている親が「必要なら大学に行け」と子どもに言ったとします。

それで子どもが「大学に行きたい」と言ったとしても、親が、「なぜ必要なの？」と子に聞けば説明できる子などいないでしょう。多くは、「私は働くよ」と言うか、大学に行くとしても奨学金を自ら借りるなどするのではないでしょうか。

これと同じで、社員からすると説明責任を転嫁されるのは迷惑な話です。

経営者のフトコロを忖度して眼の前の仕事をしていた方がマシでしょう。

経験的には、そういう経営者のもとに良い提案が上がってくるのはまれです。言葉尻に、経営者自信が社員にリスクを転嫁する姿勢がにじむように思うからです。

このようにして忖度が働いて社員が動けなければ、経営者自ら投資のタネを探すことになるわけですが、本書の目指す自律的な成長からはそうしたものではありません。

時折、経営者一族でコンビニ、介護施設、最近では太陽光発電に投資するケースを耳にします。事業的な繋がりもなく、相乗効果も働きにくいのではないかと思います。

理由③社員も経営者も満足しない

低い収益性で満足していては、経営者はおろか、社員が満足して働くことなどできるはずがないのです。

最近では便利な言葉があります。「ライスワーク」と「ライフワーク」という言葉です。人間、ライスワーク（食べていくための仕事）では満足できないのです。もちろん、ない袖は振れないわけですから経営者は稼ぐ会社にする必要があります。

社員に還元しても、十分な利益を得なければなりません。

本物の事業継続性の判断基準

経営者は発展的事業継続ができるかどうかを直感的に判断すべきです。

私の住んでいる京都には２００年を超えて存在する企業が多数存在します。

酒造企業、和菓子製造企業、織物・焼き物等の伝統産業がその代表的なところですが、共通する部分があります。新規投資が出来ていることです。

一方で、廃業していく企業もあります。廃業していく企業に共通するのは、新規投資が何らかの理由でできなかったことです。先日、近所の和菓子店が廃業したのですが、長年メニューを変えず、販路も変えず、味も変わらない「古き良き」和菓子店でした。

お笑い芸人の世界も同じです。一発芸で一時期スポットライトを浴びても、消えていく芸人さんは一発芸の次がないことが原因です。やがてくる次のステージでの準備が出来ているかは、お笑い芸人の世界での出世を大きく左右します。

同じことは大企業でも当てはまります。コダックと富士フィルムが、対照的な例です。片や世界最大手、片や日本最大手のフィルムメーカーでした。しかし、コダックは没落し、富士フィルムは事業をほぼ完全に入れ替えることに成功しました。

同じフィルムメーカーですから、社内には同じような事業基盤があったでしょう。しかし、富士フィルムはその活用に成功した一方で、コダックは成功できませんでした。

複写機、デジタルカメラ、化粧品、医療機器。富士フィルムが次々と新事業を開始する一方で、コダックには目立ったものがありませんでした。

コダックが何もしなかった訳ではありません。実際に、世界初のデジタルカメラはコダックで発明されたものです。しかし、いわゆる「イノベーションのジレンマ」により新事業にはならなかったのです。

どこの世界でも共通する当たり前の理屈ですが、一つの事業の成長期・衰退期において、次の事業に進出する準備ができていなければ、やがて来る衰退期に衰退してしまいます。準備が出来ていれば新しい事業への進出も成功します。

そう、**事業継続性は、次の事業のタネが仕込めているのか、で判断すべき**なのです。経営者は、次の事業のタネが仕込めているか、に関する鋭敏な感覚がなければなりません。

よく、研究開発費の目安を売上対研究開発費の比率が何％かで表現します。

しかし、大事なのはこうした指標での大小ではありません。コダックのように衰退する企業でも研究開発費は潤沢だからです。

大事なのは、実質です。実質的に新しいこと・独自性の高い事に投資できているかです。経営者が現場を回り、話を聞いて判断するしかないことを分かっているでしょうか。

本物の経営者が持っている感覚は

しかし、「投資しようにもテーマがない」という課題をもつ経営者も多数います。経営者であれば、常に次の成長の種になる新商品や新事業の種を見つけて投資したいと思うのは当然でしょうが、その対象となるテーマがないのです。

あなたは、投資対象がないという状態に慣れてはいないでしょうか？

そんな状況であれば、テーマを作る努力が必要です。そして、その努力が気合いや根性のレベルで良いはずがありません。

経営者が「みんな、一緒に努力しよう！」と言うだけで簡単に次の事業の種が見つかるようであれば、こんなにいい話はないでしょう。

実際に次の事業の種を見つけようと思えば、本書で述べるような仕組みを構築し、運用するための経営資源が必要というのは当然です。

さらに昨今では働き方改革という動きがあります。時間外の労働を社員に要求しづらい現在では、計画的かつ論理的な努力が必要と言えるのではないでしょうか。

筆者は長年に渡りコンサルタントとして、「投資するテーマがない」という経営者のお悩みを聞いてきました。経験に基づく結論として、テーマがないことの原因は、顧客の潜在課題を解決する独自技術を開発するやり方がないからです。

これもたとえ話で考えますとわかりやすいです。コンビのお笑い芸人であれば、ネタを考えるのがどちらかは大抵決まっています。ネタを考える方はネタを考える仕組みを持っています。ネタを考えられないコンビが人前に立つことはありません。

企業経営でも同じで、誰かが新しいテーマを考えなければなりません。そして、新しいテーマを考える仕組みがなければなりません。

新しいものが好きな人が変化のない状況に置かれれば「つまらない」と感覚的に感じます。これと同じような感覚が企業経営者には必須なのです。投資できていない状態に慣れると、忘れられるお笑い芸人と同じ末路をたどります。

念の為に書いておきますが、何も経営者自ら新しいことをしようということではありません。会社として新しいことが常にできている状態が正常であると捉えなければならないと言っているのです。

そのためには、経営者が投資できていない状態に慣れてはいけないのです。感覚が麻痺すれば必ず慣れてしまいます。

麻痺せず、慣れずに、投資ができるようになるための仕組みを作る事が経営者の仕事です。そのように投資ができるようになって初めて、投資テーマが選別できるようになり、投資が上手になるのです。

高収益経営とは資源配分の巧みさ

井戸の見極め、という感覚

企業は存続することが前提です。存続のためには、すでに述べたとおり、常に次の事業の準備をしていなければなりません。それには、それなりの経営資源の投入、つまり投資が必要です。

投資が十分に出来ていれば、最終利益が仮にゼロでも事業継続できます。逆に投資が十分に出来ていなければ、最終利益が黒字であっても事業継続が見通せないと言えます。

なんとか黒字を確保するだけというのは、サラリーマン的経営者ならば平気かも知れませんが、オーナー的経営者はこうした状態に危機意識を感じなければなりません。

さらに、何が自社の競争力の源泉なのか、見極めることは極めて重要です。

自社にとって、新商品の粗利を高めるための源泉は何なのか、それを見極めて強化することはあなたにしかできない仕事なのです。社員はあなたの決めた仕組みの上で仕事をするしかありません。

競争力の源泉は、掘れば湧く井戸のようなものでなければならないのです。掘れば湧くものでなければ、リターンのない投資をすることになるからです。こうした源泉を確保することができているか、あなたにはその意識があるでしょうか？

井戸とは、例えば、顧客の潜在課題を解決する独自技術を創出する仕組みです。仕組みが機能することでまるで井戸から水が湧くようにキラー技術が次々に生まれ、事業が立ち上がります。

ヒト・モノ・カネ、あらゆる経営資源を使って創造するのが井戸の正体です。経営者はここに知恵を巡らせなければなりません。当然ですが、簡単に入手できるものは良い井戸ではありません。

同じ研究開発であっても、質の高い知財や独自性の高い技術が生まれない仕組みは井戸としては不適切です。

もちろん、キラー技術開発は簡単ではありませんが、レバーを動かせば出てくるという感覚がなければならないのです。レバーを動かしても水が出ないような井戸を使い続けることがないようにしなければなりません。

そして、井戸は経営者にとって秘密中の秘密です。競争力の源泉を確保するための井戸を見つけつつも、それを他人には黙っているのも経営者の腕です。

繰り返しになりますが、テーマがないのは仕組みの欠如であって、仕組みを作るための投資をしていないことが原因です。そして、仕組みは、競争力の源泉にたどり着いていなければならず、すぐに枯れる井戸ではいけません。

あなたにはこの井戸の感覚があるでしょうか？

あなたの会社の井戸はどの程度良い井戸でしょうか？

資源配分ゲームの感覚

経営者の帝王学として最も重要だと考えるものご提示します。

不遜な言い方かも知れませんが、誤解を恐れずに表現しますと、高収益企業経営とは、経営資源の配分の巧みさによって収益性を高めるゲームです。

「資源配分ゲーム」と言えるでしょう。

優秀な経営者ほど、この資源配分のゲーム感覚があります。逆に資源配分ゲームの感覚を持たず、顧客要望に対応しようとする経営者の会社は低収益です。

ゲームというと聞こえが悪いのですが、別の言い方をすれば「資源配分の独自性や巧みさを争う競争」と言えます。

言うまでもないことですが、企業にはヒト・モノ・カネの経営資源があります。近年はこれに「情報」が加わるなどの話もありますが、それはさておき、この資源をどのように配分するかで収益性が決まるのです。問題は配分先です。どんな仕事に経営資源を投入するか、それが問題なのです。

とは言え資源配分という感覚はわかりにくいものだと思っています。それは日常そのものだからです。

「資源配分は日常そのもの」ということを、先述のB社の事例で説明したいと思います。

B社長は人柄が良く、そのおかげで風通しは良かったのです。

担当者のレベルでは「こんな新しいテーマをした方がよいのでは？」という話はポツポツ上がっていました。

しかし、アイデアはできたとしても、実際にテーマとして実行しようとすると話は別です。そこには時間もお金もかかる話だからです。

ポツポツとアイデアは浮かぶものの、実際に検討できる時間や資源があるわけでもなく、担当者が部課長に上げた時点で潰される。そういう展開が続いていたと言います。

部課長に悪意があるという話ではもちろんありません。アイデアを実行する仕組みがなかったという話です。

このような話はB社に限らずどこにでもある話です。新しいアイデアを出すのもテーマとして実行するのも部課長に時間や資源があってこその話だからです。

ある日、Ｂ社社員がこう言いました。「うちでは、やりたいと言ったことはやらせてもらえるが、言い出しっぺが損をする仕組みだ。」

社員がこのように感じていると言うことは、社員のアイデアはほとんど実行されないことを意味していると考えて差し支えないでしょう。

このようにＢ社では、社員のアイデアはあっても、その検討に資源が配分されず（時間もお金もかけられず）、顧客要望対応の開発をする仕組みになっていました。

Ｂ社に限らず、社員のアイデアは貴重なものです。アイデアを実行するかどうか検討し、実際に実施することが資源配分なのです。

何をお伝えしたいかと言えば、**社員の日常に任せれば、絶対に巧みな資源配分などできないということです。**

経営者は、社員には巧みな資源配分ができないことを強烈に意識する必要があります。社員を放置しておけば、凡庸な資源配分になるのです。

経営者が関与しなければ、十中八九、担当者同士の話によって、新テーマへの資源投入はできないのです。ほとんどの場合、既存事業の対応＝顧客要望対応をすることになるのが関の山であって、新テーマには資源投入できていないこととなります。

すでに顧客要望対応は低収益を招くということを指摘したのですが、低収益は、限られた経営資源を顧客要望という仕事に投入した結果なのです。経営者はこのことを自覚する必要があります。

この資源配分という感覚は経営者にとって極めて重要です。現場が何をしているのかを注意深く観察しなければ、現場は顧客要望対応に流れていきます。

なぜなら、顧客要望対応をすることは社員にとって居心地の良い仕事だからです。給料を「稼いでいる」感覚にもなります。そっちのほうが「仕事をしている」自己満足や周囲に認められる感覚になります。

重要なので繰り返します。経営者が放置すれば、ほとんどの場合、社員の意識は顧客要望対応という仕事に資源が流れていくという認識を持つことが必要です。よほど意識しなければ、資源は正しく投入できないのです。

しかし、日常的なこと全てに経営者が口を出すわけには行きません。社員のアイデアレベルの提案をきめ細やかに聞ければ良いですが、そんな時間は経営者にはないでしょう。

そのため、巧みな資源配分を実現する仕組みが必要となるのです。

巧みな資源配分とは、商品や技術の独自性を実現するためのものです。社員のアイデアは独自性を実現するためのほとんど唯一の情報源です。

この貴重な情報源を拾い上げ、知財にし、商品化する仕組みが巧みな資源配分の仕組みとなるのです。

独自性を追求する感覚

他人がしそうにないことをするのが高収益の王道です。

有名な逸話としてゴールドラッシュの話があります。ゴールドラッシュに沸いた米国において、本当に儲かったのは誰だったのか？

本当に儲かったのは、金の採掘に向かう人だったでしょうか？そうではなく、金の採掘に向かう人々に対して採掘のための道具や服、食料品等を提供した人だったというものです。リーバイスというジーンズがそこで生まれたという逸話は有名な話です。

高収益経営とは、他人のしそうにないことをやって儲かることです。正確に言えば他人とは目の付け所が違うため、資源配分が異なり、儲かるということでしょう。

他人がしそうにないことをしているのが高収益企業として有名なのがファナックです。ファナックの事例から独自の資源配分について説明します。

ファナックは高収益企業として有名であることは言うまでもありません。そして、その競争力の源泉が製品の独自性ではなく製品の「安さ」にあることも知られています。

ファナックがどのような仕組みかを比喩的に表現すると「生産技術にドクターを投入する」のです。注意しておきますが、これはあくまで比喩的表現です。

どういうことか説明します。一般的に、生産技術とは日が当たりにくい領域です。日が当たりにくいとは、地味であり、あまり注目が集まらないという意味です。

この注目が集まらない部分に、ドクターという希少人材を当てるという意味です。

ファナックでは、「利益は開発で決まる」「開発段階の課題を、生産技術で解決するのは不可能」という前提に基づき、開発段階で利益の出る設計をしようとしています。利益の出る設計とは、一般的な原価積み上げ方式ではなく、市場において競合に勝てる価格を決め、価格から十分な利益を引いた原価が設定された設計方式です。

積み上げ型ではなく、引き算型と言えるでしょう。

この設計方式には、製品そのものの設計だけでなく、「どのように作るのか」に関する設計が含まれています。つまり、開発者が生産の仕組みまで作らなければならないというルールがあるのです。

また、ファナックは高学歴者の採用で昔からよく知られています。

現在では、ドクター（博士）というのは希少な人材とは言えなくなっていますが、ファナックは昔からドクター、あるいは、それに匹敵する高学歴・希少人材を採用していました。

こうして、生産技術という日の当たらない場所にもドクター人材の知恵が投入できるのです。

ファナックの作る数値制御装置、ロボットは世界的に高いシェアを占めており、同社が高収益であることは前述の通りです。

そして、その競争力の源泉は製品の安さにあるのです。

この資源投入の仕組みは経営者であった稲葉博士の考案したものです。

つまり、「生産技術にドクターを投入する」という資源配分をするわけですが、これを普通の会社はやらないわけです。

なぜなら、生産技術は日の当たらない職種だからです。

しかし、ファナックはあえてそれをやります。なぜかと言えば、価格で競争優位を実現するということが最初から決まっているからです。

価格競争を仕掛けるのがはじめから決まっているため、競合よりも安い価格で販売しても十分な利益が出る設計・生産技術を研究するのです。

ファナックとは対照的な例を紹介しましょう。先述のB社の例です。

B社では、開発にはエースを当て、生産技術や調達にはエースではない人物を当てていました。そして、生産技術や調達に一度回ると開発に戻るような人事はしていませんでした。

私は、B社のこの人材配置がまずいと言っている訳ではありません。B社の人材配置は非常に一般的なものだと思っています。

このような配置では、B社に限らず以下のような流れが起こると考えられます。

つまり、社内では開発は比較的難しい仕事だとされているため、難しいことでもできるエースを当てる。そうすると、徐々に開発は花形となり、生産技術等他の部署はやや日陰な感じが出る。配属にも、雰囲気にも差が出る。日陰の部門は期待もされず、革新的なことは全く起こらなくなるというわけです。

確かに、一般的には生産技術や調達より開発が花形かもしれません。一般的には生産技術より開発の方が難しいとされます。

B社では、そうした配属に加えて一般的な努力は行われていました。

例えば、開発には「部品点数を最小限にする」という意識がありました。また、生産部門には「生産しやすい形状を開発にリクエストする」という意識もありました。

B社では、配属に加えてこうした意識までもが一般的だったのです。

一般的なことでは競争優位にならないことを示したのがファナックでしょう。

一般的な結果しか出ないのは当然のことです。

B社も例外ではありませんでした。他社と同じような仕事を続けることによって、革新的なことは起こりませんでした。

結果、競合との同質化が起こり、違いはほとんどQCDのみとなってしまったと言うわけです。価格競争、納期競争のみが競争要因になり、利益が低下していったのです。

言うまでもないことですが、差異化やコストリーダーシップでの競争優位は重要です。

問題は、経営者が真剣になって実践しているか、です。

経営者が実践するのは、資源配分です。

独自のものを作ろうとすれば、絶対に一般的な資源配分にはならないはずです。

経営者にとって重要な感覚は、他人がしそうにない資源配分を、あえてやることです。

他社が出しそうにない商品や技術が開発できるような資源配分をすることが必要です。

その大前提となるのは経営者の意識なのです。

そして、その資源配分には、仕組みの構築が必要なことは言うまでもありません。

先述のとおり、資源配分は社員の日常そのものなのです。経営者が、いかに巧みな資源配分をしていたとしても、そのまま放置すれば、社員は顧客要望に流れていきます。その方が「短期的に売上が上がりそう」という説明が付きやすいからです。

社員に悪意はないでしょう。

しかし、社員に悪意はなくても、資源配分は骨抜きになるのです。そうして、顧客要望対応型の凡庸な資源配分となります。結果、他社との同質化が進み、価格競争になることは言うまでもありません。

悪意なく骨抜きになるのを防ぐには、巧みな資源配分を実現する仕組みがなければなりません。

そうしなければ、絶対に競争優位にはならない。この当たり前の理屈を、経営者はよく理解しなければなりません。

経営者にとって独自性とは、商品の独自性ではありません。資源配分の独自性なのです。

採用と調達をどう考えるか

「忙しいから人が必要」は愚の骨頂

経営者は、新しい分野がどのように生まれるのか、その源流を強く意識していなければなりません。

新しい分野がどのように生まれるのかを説明するために、私の経歴を少し紹介します。私は工業高等専門学校（いわゆる高専）の出身です。

私が属していたのは、制御情報工学科という学科名でした。この制御情報工学ですが、中身といえばもちろん制御工学がありますが、それだけではありません。制御の対象となる機械工学、電気・電子工学、プログラミングなどの情報工学が含まれていました。

今思えば、当時の時代に合った新しい学科だったと思います。私の出身の高専では機械工学科を改組して制御情報工学科にしましたし、現在は当時の工業化学科を「生物応用工学」なる学科名に変更しているそうです。

高専に限らず、大学でも特に理系ではどんどん新たな分野が生まれているのは言うまでもありません。新しいフロンティアを開拓するためです。

例えば、従来、自動車は機械だった訳ですが、今や機械だけでは成り立たなくなり、電気と機械の両方が必要になっています。昨今ではソフトウェア化が進んでおり、自動運転なる分野も切り開かれようとしています。

私の出身母体で言えば、機械工学と電気工学の融合領域として制御工学やその発展系としてロボット工学が生まれています。また、先に述べたとおり化学の分野では有機化学と生物学の融合領域としてバイオやライフサイエンスが生まれています。

そして、新しい領域に産業的価値があれば産業化する流れになっています

経営者が学問的な新領域を切り開く必要は必要がないことは言うまでもないことですが、新しい商品を作り出さなければ高収益にはなりません。そのため、新商品を作り出す必要があります。

高収益な新商品を作り出すのは、大学や高専の新領域の新設と同様に異なる分野の融合にあるのです。

というのも、同じ分野に立脚していては同じ商品しかできないからです。このことは例えば、前記の自動運転を考えるだけでも簡単に理解できます。

自動車が従来通り機械だけでできているとすれば、実現できません。カメラやＬｉＤＡ

R（レーザーによるイメージング装置）がなければ周囲の観測はできず、ソフトウェアがなければ周囲の情報を処理して危険回避をすることもできないでしょう。

ただし、実際に手を動かして技術を作ったり、商品を作ったりするのは技術者です。そのため、経営者がやるべきなのは異分野技術の調達です。調達が経営者の仕事であり、どんな技術を調達すれば新しいことが起こりそうなのかに関する感覚を鋭敏にするべきです。

新しい領域とは、言葉を換えて言えば、まだ仕事がない領域です。少なくとも顧客要望対応という仕事は皆無です。顧客要望対応という仕事がないのに人をあてがうという仕事になります。

この感覚はサラリーマン的経営者には身につけるのが困難です。

私がなぜこう思うようになったかと言えば、B社役員にこんなことを言われたからです。「仕事がないのに人を配置することなどできない」と。

B社で新しい人を採用しようとする時に、こんなことを言われたのでした。

このB社役員の感覚は、仕事は上の指示でさせるもの、という感覚だったようです。そのため、「採用したらその人を指導できなければならない」という良い意味での義務感を感じました。

B社にとって、この義務感は間違いなく良い側面でもありました。上司の高潔な義務感は部下の育成に役立つことは言うまでもないことでしょう。

ただし、新商品の開発ではマイナスに作用していたと思います。

新しい人を採用できないというデメリットを生じさせていたからです。上司が指導できる人以外は雇えないのですから、新しいことができようがないのです。

極端な言い方ですが、仕事があるから人を雇うというのは、大量生産時代の工場の論理です。生産量が増えて労働力が必要だから人を雇うという考え方で、はじめにあるのは仕事です。

一方で、新商品開発というのは、顧客要望がないことをやるのですから、はじめに仕事があるわけではないのです。

新商品開発においてはじめに仕事はなく、人がいるのです。人が仕事を作っていくという風に考えます。

新商品開発の仕事は必ずしもやらなくても良いものです。低収益で満足ならば、新商品開発をしなくても当面は生きていけるからです。既存業務に比べれば緊急ではないと言えます。

上司が指示できない部下を雇うというのは、「仕事があるから人を雇う」という感覚では受け入れがたいことでしょう。

しかし、そのような発想こそが、資源配分に独自性がない原因なのです。

ただ、人は誰しも固定観念や考え方があるものなので、長年工場経営や生産現場の運営に携わってきた経営者はこのあたりの頭の切り替えが難しいかも知れません。

しかし、思い切って頭を切り替えなければ、新しい技術を調達することはできません。

B社では社長の決定で新しい技術者を調達しました。

採用された技術者は、現在では、持ち前の専門分野をいかして、新しいテーマの立案と推進をすることとなりました。

B社でのキラー技術開発と高収益事業の立ち上げは、この方によって実現されました。

今後も、この方とB社社長の笑顔が見られるのを楽しみにしています。

コスト勝負の市場ではどう捉える

私は本書で色々な形で高収益を実現する経営の仕組みを提唱しています。

しかし、これを読んでいる方々もまだまだ半信半疑なのではないでしょうか?

というのは、これまでどんなに頑張っても、顧客に低コスト・低価格を求められてきた経験があるのではないかと思うからです。

確かに、消費者は安さを求めるものだと思います。「激安」とか「爆安」とかチラシに載っていれば買いに行くのが消費者です。それは真実だと思います。

ただ、結局、コスト勝負だから安いものを作れば良いとは思いません。

企業には色々な戦略があります。安くても儲かる商品を作ることができれば、コスト勝負をしても儲かるものです。

例えば、私はこの原稿をＭａｃ（アップル社のパソコン）で書いています。アップルは高収益企業として知られており、高級品のイメージがあるかも知れません。しかし、それはiPhoneの話です。

パソコンは決してそうではありません。激安商品を作る会社ではないとは言え、日本メーカー製（と言っても、日本メーカーは今やほとんどありませんが）よりも確実にMacの方が安価です。

アップル社と日本メーカーのパソコン事業のみの比較は出来ませんが、全体としては、アップルの方が高収益です。そして、その理屈は簡単です。

アップルには安く作っても儲かる独自技術・やり方があるからです。

例えば、モデルチェンジの少なさ。日本メーカーが春モデル、秋モデルと毎年二回なのに対して、アップルでは数年に一度位の頻度でしかモデルチェンジしません。そして、それもマイナーチェンジに留まっており、一つのモデルの大幅な設計変更をしないのです。

しかし、高級感のあるアルミ切削の外装であり、ネジの少なさや意匠の美しさが際立つ商品であって売り場では見た目に大幅な差がついています。

大幅改良や原材料にはお金を使うが、無駄なモデルチェンジをしない事により原価を下げているようにも見えます。

パソコンという商品は、とっくの昔に飽和しており、価格勝負の市場になっているのは共感していただけると思います。しかし、こうした価格勝負でも儲かる戦略がある事は、アップルが示してくれています。

このように「安く売っても儲かる」戦略を採用するのはアップルだけではありません。ファナック、日本電産、ユニクロ、信越化学などの高収益企業も同じです。

こうした企業が重視するのは、安い市場でも儲かる独自技術とやり方です。

言うまでも無いことですが、これらの会社の経営者は優れた戦略家であり、独自の資源配分をしているのです。独自の資源配分が必要だという本書の主張は、価格勝負と思われる市場での競争にも当てはまります。

価格勝負と割り切るのであれば、低価格でも儲かる戦略を立案するのは当然のこと。顧客要望対応をしていて、そうしたやり方が身につくと思われるでしょうか？

一見するとコスト勝負と見られている業界にあっても、競争優位を実現している会社は少なくないのです。

先述の高収益企業はいずれも飽和した、一見コスト勝負の市場で勝った会社です。安く売っているだけではなく、安く売っても儲かっているのです。

価格競争にさらされていると感じる経営者であればなおさらです。差異化して高く売るか、安く売っても儲かる商品を作れるような資源配分をしなければなりません。

詳しくは第5章で説明しますが、技術戦略がなければ、そうした商品を開発出来ないことは言うまでもありません。

いつまでも顧客要望対応をしていては、徐々に価格主導権を取られていくだけです。

価格主導権を取られたくなければ、自らリスクをとって、独自の技術戦略を策定して、独自テーマに資源配分をしなければいけないのです。

あなたには、その意識があるでしょうか。

高収益社長の資源の調和

独自技術と潜在課題のマッチングを設計する感覚

「独自なテーマが必要って言ったじゃないですか？」

こう言うのは、研究開発がうまく行っていない大企業の研究開発部門で技術者が上司によく言う不平です。

担当するテーマがうまくいかない時に、上司に対してこのように言うことで自分を正当化しようとするのです。

上司としては、「独自性は必要だが市場ニーズを無視して良いという意味ではない」と言いたいところでしょう。

独自性のある技術を作っていくのは当然として、その技術がニーズに合っていなければならないのもまた当然のことです。

あなたは、ニーズと技術のマッチングを従業員に押し付けていないでしょうか？

経営者が細かな点までテーマをフォローするという意味ではもちろんありません。経営者がしなければならないのは、むしろその仕組を構築することです。

いくら独自性のある技術であると言っても、ニーズがなければ企業としては意味がありません。投資も無駄になります。

しかし、繰り返し述べる通り、顧客要望対応をしてニーズばかりを追っていては独自技術ではなくなってしまいます。

「ニーズ主導なのか？シーズ（技術）主導なのか？」というのは言い古された疑問です。そんな簡単な二元論に正解などあるはずがなく、ケースバイケースなのです。

一見すると、二元論に見えるこの疑問を含めて、**どのような研究開発をしていくのか、経営者にその点が解消できていなければ、社員は一体どのように行動するというのでしょうか。**

経営者はこうした迷いを早期に解消し、技術とニーズをうまくマッチングする仕組みを作り上げなければなりません。しかし、人には人の専門性があるもの、なんにでも万能な経営者など世の中にはいないのです。

経営者の正しいあり方は、こうした疑問や迷いを早期に解消し、実際に仕組み化することなのです。

経営者の仕事は、社員にどのような仕事をさせるのか、方向性を示すことに加えて、仕組みを構築することです。

経営者が本質を追求する感覚

仕事柄、私はいろいろな会社で研究開発の会議に参加しますが、実に様々な性質のテーマを検討します。テーマには色々あります。

「市場性はありそうだが他所もやっているもの」、「独自性はありそうだが出口が見えないもの」、「高い利益が取れそうだが市場が小さそうなもの」、等々です。

課題のないテーマなどありません。

課題を一つ一つ潰していくのが開発会議の役割で、テーマの検討を行う上で必須の事項となります。売れるのかを検討するのもその項目の一つです。

気が短い経営者の中には、開発会議で「本当に売れるの?」と技術者を詰問する人がいます。

そのため、技術者の中には開発会議は「批判を浴びる場所」というイメージを持つ人もいます。

開発会議で発表するのはテーマを検討している技術者です。テーマを推進して「売れるのか?」という課題があることは当の本人が一番認識しているのですが、経営者からそのようなことを言われると、本人は「やめろ」と言われているように感じるのです。

開発会議における代表的な発言として、「本当に売れるの？」に加えて次のような言葉もあります。

「本当に出来るの？」とか、「本当にそんな顧客ニーズはあるの？」です。

普通なら批判めいて聞こえないのかもしれませんが開発会議で厄介なのは、発言者に批判の意図は無くても、技術者には指示と受け取られてしまう発言となることです。

そもそも不確実なことをやっている訳ですから本当に売れるか等はやってみないとわからないのですが、自分がテーマ企画者であれば「本当に売れるの？」と言われれば、「分かりません」とはなかなか言えません。

売れないものをやっているつもりは当然ないでしょう。しかし、心理的プレッシャーが強ければ、「売れます」と啖呵を切らなければならない状況になります。

経営者は、このような状況を矛盾なく乗り越えていく信を培わなければなりません。信は経営者の人格によって培われるものです。事例を通じて解説します。

本質を追究する経営者と技術者のドラマです。

「このテーマに関しては、他のテーマと同じ扱いをせずに、このテーマらしさを追求した方が良いんじゃないだろうか？」

この言葉は、ある経営者が、部下の技術者が開発会議で発表した際に発したものです。

状況を共有するために少し説明します。

テーマを発表する技術者は非常に優秀な方です。いつも論理的で、彼の同僚は皆その発言に納得します。その時のテーマの発表もすごく論理的なものでした。

一方、この経営者が感じたのは違和感だったのです。

一般的な話ですが、技術シーズを検討していて用途が見えていない段階というのは結構厳しいのです。そんな時、どんな技術者であっても、なんらかの用途を持ってきて説明をすることがあります。

そんな状況を客観的に見ると、その用途がやや無理やりに感じられたり、拙速感や焦りを感じられたり・・・という場合もあります。

このような構図が、まさにこの開発会議でも起こっていました。

いつものように技術者の方の発表は非常に論理的だったのです。しかし、開発をはじめて数年経過していました。出口が欲しい時期であることも事実でした。

技術者は最近発見した用途を発表していたのですが、やや飛躍や無理矢理感が感じられました。この経営者は、そこに違和感があったのだろう思います。

「このテーマらしさを追求したほうが良いのでは?」という言葉には、本質を追求すべきであるとの示唆とともに、心理的負担を減らす効果もありました。言外に「無理に用途を作らなくても良いよ」という意図を感じるものだったからです。

技術者の方は経営者の発言を聞いて安心したのでしょう、「そうですね」と繰り返し、安心した表情をしていました。私にとっても印象的な出来事でした。

短期的な成果ではなく、本質を追求するという経営者の姿勢は社員に伝わるのです。

後日談ですが、この技術者のテーマに適応したニーズで商品化に成功、特許と収益が両立するものになりました。しかし、一番の財産は社長と技術者の信頼関係でしょう。揺るぎない人的資産となって今後も貢献していくはずです。

このドラマからわかるように、経営者の考え方は言葉に出るのです。

「本当に売れるの?」という言葉はサラリーマン的経営者が言いそうです。サラリーマン経営者の任期中に結果を出してほしいという意味で、です。

一方、新しいものはやってみなければわからないという性質があることも事実です。それが分かっているのに、サラリーマン的経営者はつい「売れるの?」と聞いてしまいます。

本来、技術の性質は変えられないものです。無理やり用途をこじつけることは本質を欠くものです。

経営者が「売れるの？」と言えば、社員は売れるとしか言えない。経営者側に自信のなさや、責任をなすりつけようという甘えがあれば、社員は当然その甘えを見透かします。そして、社員は無理やり用途を提案することを強いられるのです。

誤解のないように加えますが、「売れるの？」と問うことが常に悪いと言っているのではありません。注意しなければ、テーマの本質を没却させてしまう危険性を秘めていると言っているのです。

一方で、「このテーマらしさを追求したほうが良いのでは？」という言葉は、本質を追求するように技術者に勇気を与える素晴らしい言葉でした。私には、技術者の晴れ晴れしい顔が忘れられません。

経営者である以上、自信のなさを露呈したり責任転嫁したりすることなく、常に本質を追求する姿勢を崩さずにいたいものです。この例では、その姿勢が社員に伝播したことで、やる気を鼓舞することにもつながったことを示しています。

これが綺麗な説明を求める上司だったらどうなったでしょう？無理やり持ってきた用途を開発するための研究開発を続けさせ、その技術らしい商品にはならなかったはずです。結果、競合との性能差もつかないものになったでしょうし、必然的に高い収益をもたらすものではなかったことでしょう。

しかし、部下に本質を追求させるのは、勇気がいる話でもあります。研究開発では常に投資が先に立つからです。そして、責任は常に経営者が負うもの。そこには理不尽もたくさんあるでしょう。

なにも「理不尽を受け入れよ」と言っている訳ではありませんが、経営者が心してかからなければ部下はそれを見透かして行動し見た目は綺麗な説明をしようとします。

そして、見た目が綺麗な説明には、良い結末が待っていることはありません。本質に迫った結果のみが高収益を生み出すのです。

仏には魂も入れる感覚

本書では繰り返し、経営者は仕組みを作る意識が必要だと述べています。

しかし、「仏作って魂入れず」という言葉がある通り、仕組みはあるが、(実を伴う)運用がされないケースが多々あります。

運用されないケースではほとんどの場合、経営者が無関心です。仕組みを作ったら社員が運用するかと言えば、残念ながら、それほど甘いものではありません。

大手企業では、独自性の高いテーマを生み出すための仕組みは整っていることがほとんどなのですが、運用されていないことも多いのです。

経営者が口では「独自性」と言いつつ、目先の売上確保に走る場合などは仕組みが運用されない典型例と言えましょう。独自テーマの創出と推進の仕組みは、経営者自ら関心を持って社員を動かす必要があるのです。


仕組みとは、組織と業務です。仕組みが目指すものは、不慣れな人でも一定の品質のものができることです。すべての仕事はインプットがあり、処理をして、アウトプットをします。インプット、処理、アウトプットの各項目をどのようにするか規定したものが業務です。

そのため、業務を遂行するためにはマニュアルが整備されている必要があります。

経営者はこの仕組み作りと運用に長けている必要があるというのが筆者の考えです。

社員は、属人的な仕事があっても悪いとは思いませんし、自分がいないとできない仕事を自分の存在理由としてしまう場合があります。能力の高い方ほどこうした傾向がありますし、それ自体悪いことではありません。

しかし、経営者としては社員の離職や異動等でその仕事ができなくなってはいけないのです。しっかりと対応する必要があることは言うまでもありません。

生産、経理、調達などのオペレーション的な側面が強い業務は、どこの会社でも仕組み化はしっかり進められると思います。なぜなら、インプットとアウトプット、その間にある処理が比較的明確に定められるからです。

一方、研究開発の仕組みはわかりにくいかも知れません。インプット、アウトプット、処理の各項目において、様々な要素が入り込んでくるからです。

例えば、「研究開発のアウトプットとは何か？」と問われれば、あなたはなんと答えるでしょうか？

私の考えでは、研究開発のアウトプットは、知財が取れる技術と利益の取れる商品です。このアウトプットを生み出すために、何をインプットし、どのように処理するのかを規定するのが研究開発の仕組みです。

経営者はこの研究開発の仕組みを念入りに構築する必要があります。

経営者自ら構築しても良いですし、専門家にそうさせても良いでしょう。

いずれにせよ、作った仕組みが運用されるようにするまで一貫したものにする必要があるのです。「仏作って魂入れず」にしてはいけません。

経営者自身の立ち位置

自分が何者かの自覚

本項では、経営者が自分自身をどのように位置づけるかの重要性を説明します。

サラリーマン的経営者は内部昇格で上がってくるのが一般的です。そのため、仕事の細かい部分まで実施した経験があることが多いものです。

一方、オーナー的経営者にはそれがあるとは限りません。二代目として着任したとか、営業上がりで技術の経験はないとか、そういうことも多いのではないでしょうか。

あなたは経験がないからといって、勉強しようとしてはいないでしょうか？

「自分は技術開発の細かい仕事を知らないから、勉強しよう」と思っているとすれば、それは思い違いです。

逆もあります。「自分は技術開発の経験があるからうまくマネジメントできる」と思っているとすれば、それは思い違いです。

経営者と高収益技術開発の仕事は全く違うのです。

技術開発の細かい仕事ができる人がうまくマネジメントできるとは限りませんし、営業出身だからといってうまくマネジメントできない訳ではないのです。

繰り返しますが、経営者と技術者は全く違う仕事です。

自らが経営者であるという自覚がないままに、技術開発をマネジメントしようとすれば、顧客要望対応型の開発を促進してしまうことになりかねません。

どういうことかといえば、営業出身経営者であれば、益々顧客要望対応を要求するということです。逆に、技術部門出身であれば、出世した自らの技術水準に達するように部下を指導するという具合です。既に再三指摘していますのでお分かり頂けると思いますが、顧客要望を細かく出来た所で収益は上がりません。

しかし、あえてここで書いているのには理由があります。

それは、自らが資源配分者であるという自覚がないままに経営している人が少なくないからです。

幹部であれば仕方がないかも知れませんが、トップが経営者であるという自覚がなければ、トンチンカンな仕事をしてしまいます。

トンチンカンな仕事とは、自社の社員という資源を顧客要望対応に投入してしまうというものです。それを止められるのは経営者しかいないことをお分かりでしょうか。

経営者はプレイヤーではありません。資源配分者なのです。そのことを分からずに仕事をしている事がないか、よくお考えいただきたいのです。

必要な資源に関する感覚

ヒト・モノ・カネ、これに加えて近年では情報が経営資源と言われています。先に述べたとおり、経営とは資源配分の巧みさによって収益性を高めるゲームです。

資源配分の巧みさと書けば、必要な資源が社内にあると勘違いしてしまうかも知れませんが、そうではありません。

高収益経営を実現する上で、自分の会社に必要な資源があるかどうかは、経営者にしか判断できない仕事ですが、その感覚に欠けると高収益経営は出来ません。

生産、販売などのオペレーションをうまく回せる経営資源があるからと言って、満足していると高収益化は出来ません。

新しい技術を開発し、知財を取得して、新しい事業を立ち上げる経営資源が必要なのです。そして、そのための経営資源は、現在の社員では足りない場合が多いことを判断することが必要なのです。

経営者は、冷静に物事を見なければなりません。新しい技術を生み出すのに現在の社員で十分な資源なのかどうかということです。

この感覚がないままに、社員に新しい技術や知財を求めても、第2章のB社のように、大した技術も取れず知財も役に立たないことになるのがオチです。

先に述べた、B社長には、必要な資源を判断する感覚がありました。自社社員では足りないということを明確に思ったのです。

そのため、私のセミナーに来られて外部コンサルタントという資源を投入しました。

コンサルタントの私がこう書くと手前味噌な説明になりそうですが、ここで言いたいことはそういうことではありません。

経営者は必要な資源を判断する感覚を持つ必要があるということです。そうしなければ、必要な資源が足りないままに、新しい技術開発をすることになります。結果、生まれるのは容易に模倣が可能な、質の低い知財です。

低レベルの技術や知財が欲しい経営者はどこにもいないと思います。しかし、高レベルの技術や知財を取得するには、それに足る経営資源を投入する必要があることを分かって実践している経営者も少ないのです。

このことを分かって実践しなければ、あなたの会社の高収益化は出来ません。社員はそうした資源投入は出来ないのです。

外部コンサルタントでも良いでしょう。採用するでも良いでしょう。

あなたは、必要な資源を十分に投入できているでしょうか？

ドラマを動かせる感覚

言語化して伝えづらいことは分かった上であえて書きますが、経営者に必要なのはドラマをイメージすることです。

ドラマのイメージとは、社員の活動が連鎖して、技術開発や商品開発が行われ、商品が販売され利益になる関係をイメージできる位考えていることです。会話が交わされ、物事が動いていくドラマとしても捉えられると思います。

どんな事業でも、必ず社員の行動があって利益があります。

社員が、他社並みの行動しかしていないのに、利益が他社を上回ることはないのです。社員が普通なのに利益が高いというのは運であって、再現性はありません。

他社にない行動をするというのは、なにも難しいことをしようということではないのです。一人一人が平凡でも仕組みが優れているから全体としては優秀な集団はいくらでもあります。

例えば、少し前の話になりますが、原晋監督率いる青山学院大学の箱根駅伝での活躍や普通の公立高校が甲子園で活躍する等の例があります。

逆に個々が優秀でも全体としてはダメなチームもありますが、このような集団では、個々は優秀なのに選手のモラルが低かったり、やるべきことができていなかったりして本番で力が発揮できないのです。

青山学院の原監督の中には、選手がどのような練習をして、どんな意識を持っていれば勝てるのか、に関するイメージがあるはずです。そのイメージを実践できるようにするために練習メニューを組むはずなのです。

そして、練習をする仕組みがあるから、本番で力を発揮できて結果につながります。

会社でも同じです。経営者が社員の活動と利益に関してイメージを持っていることが必要になります。

イメージがなければ実践させることはできないのです。先に書いたとおり、普通の行動しかしなければ普通の結果しか生まれません。

全体として優れた結果を残すためには、平凡なことでも他社ができない程度まで実践する仕組みにするとか、他社とは異なる仕組みを持つしかないのです。

すでに書いた通り、経営者は本質を追求するのが大事です。そして、これも事例として前述した通り、本質を追究するための仕組みを作ったとしても、運用の過程で違和感がある場面が出てきます。

例えば、独自性という言葉を意地悪に捉えれば、いわゆる「飛び地」の事業でもＯＫと勘違いする社員は出そうです。意地悪な社員がいたら、どんどん飛び地のテーマを提案するかも知れません。

そうした社員の提案に対して、「それは違う」と言えるためには、経営者がイメージを明確に持っておくことが重要になります。

経営者が全てあらかじめ社員に指示するなど不可能です。権限委譲してできるだけ社員の自主性に任せます。

そのため、経営者の感じる違和感は鋭敏にしておくべきです。そのもととなるのはイメージです。

経営者が明確なイメージを持っていなければ、社員の行動がトンチンカンなものだったとしても明確に指導できません。

技術面か事業面で、地続き感のある領域を優先して推進するのが定石です。会社資産を浪費することはできないのです。

あなたには、社員がイノベーションを起こしているドラマが動くほど、ありありとイメージできているでしょうか？

第4章では、高収益を実現する経営者としての頭の使い方を説明してきました。

第5章では、高収益な研究開発をする仕組みを説明したいと思います。

第5章

高収益R＆D・仕組み作りの進め方

ステップ1. 高収益化可能性の診断

あなたの会社にも高収益R&Dの仕組みができる理由

本書では繰り返し述べてきていますが、高収益を実現するには世間の常識に従っていてはいけません。

なんらかの施策を実施するとしても、他社が実施しているとか、世間ではこうしているとか、そういうことは高収益企業では理由にはなりません。

第4章では、施策を実施する際に前提となる高収益を実現する経営者の考え方について説明してきました。高収益になるセオリーが現実に起こるための経営者の帝王学です。

本章では、どのような施策を実施して、どのような成果を作るのかに関して、経営者から見た進め方について説明したいと思います。

本書を手に取ったあなたは、会社を高収益に導きたいと思っていると思います。その足がかりとして、本書では高収益R＆Dの仕組みを作ることを提案しています。あなたの会社にも必ず高収益の仕組みは出来上がります。なぜならば、粗利約20％の他の企業でもできるからです。成熟メーカーの高収益化は現実的な選択肢です。

本書で説明している仕組みとは組織と業務のことです。業務の新設はもちろん、場合によっては組織を作るなどしても作るのが仕組みです。

そして、その仕組みを社員が回すことによって新しいテーマを創出でき、あなたが投資の意思決定を下すことによってテーマが推進されていくのです。高収益商品を複数出して事業を確立していきます。

平行して既存の事業や商品からは上手に撤退を進める。様々な苦労の結果、あなたの会社が高収益となります。

新商品は粗利50％以上が普通です。粗利90％の商品ができることもあります。商品を入れ替えて行き、会社全体で粗利50％にするのです。

本章では、A社の事例を中心にして高収益な研究開発の仕組みを実現するための施策について、経営者視点で説明します。

A社のことは第1章でも扱いましたので、この章を読み進む前に第1章を是非確認しておいてください。第1章で説明したとおり、A社では、テーマXの推進と共に仕組みを作っていくことになっていきました。本章では、その仕組みの構築を中心に話を進めていきたいと思います。

プレ調査・現状の把握・診断

「是非当社をご支援ください。こちらから連絡します。」

Ａ社長がこのように言って私の開催するセミナーを後にされたのは数年前です。セミナーがきっかけで、Ａ社への支援が始まりました。

Ａ社は社員数で言えば数十人の中小企業です。詳しいことは書けませんが、電気系の製造装置メーカーです。２代目である社長は、スーツをパリッと着こなし、ふくふくとしたお顔立ちに決断力のありそうな眼光が印象的な50代の男性経営者です。有名大学の文系学部を卒業されて、金融機関に入社、相当な役職をお辞めになり、家業のＡ社を継いだのが数年前という時期でした。

コンサルティングの打ち合わせでは通常、会社組織図、会社の経歴書、決算書を見せていただきます。Ａ社でも同様に資料を見ながら打ち合わせをしていたのですが、Ａ社でも他社同様のよくある問題を抱えていることが分かりました。

「その通り、そういう問題を抱えています。」

その問題について意見交換すると、社長の意識も合っていて、ほとんどの項目で意見が一致しました。他の会社でも同じ問題を抱えているのですが、Ａ社でも、新商品が出せていないということと、仕組みがないというのが課題でした。

問題について意見が一致したとしても、私は解決策を聞きません。いろいろ取り組んだ結果、解決できないから苦しんでいるのはお互いに分かっているからです。

一方で、これまでやってきたことは重要だと思うので聞くようにしています。なぜ重要かと言えば、その取り組みを活かせるかもしれないからです。

「これまでどんな取り組みをなさったのですか？」と私が聞くと、

「営業的な取り組みは従来からよくしている方だと思うのですよ。最近は納期とか品質の方に力を入れていて、以前よりは出来ていると思います。」A社長はこう答えました。

その後、取り組みについて一通りお聞きして、これまでの取り組みを活かすポイントを確認した私は、オーソドックスな方法を取ることにしました。

それは、本章で説明する「キラー技術開発法」を実践することでした。キラー技術開発法は、一言で言えば、独自技術による新商品を開発する方法です。

A社長はセミナーをすでに聴講されていたこともあり、進め方について一通りの説明をするとセミナーでは聞けなかったことを質問されました。概ね理解された様子だったので、「スムーズに進められなさそうだな」、と思っていました。

ところで、打ち合わせの場には、A社の幹部も同席されていました。この方はセミナーにはご来場いただいておらず、その場では初めてでしたので、私はその場で今後のススメ方の説明をしました。しきりに頷いては「分かりました」と口で言われましたが、気になることがありました。

目がそうは言っていなかったことです。面と向かって反論してくれればその方がわかりやすかったですが、この打ち合わせ時はものわかりが良いようにうなずいていました。

実は、この幹部さん、後に抵抗勢力として社長の懸念材料の一つになったのです。第1章ではこの幹部が原因でTさんの専任に半年かかったことに触れました。

仕組みづくりは社内の協力を得ながら進めますが、改革の足かせになる部署や人が残る場合があります。顧客要望対応を離れられない既存事業の人たちです。また、初期段階では多くの場合、関係者は日和見です。

話を元に戻すと、A社の打ち合わせで私は今後の進め方に関する説明を終えて、その場で幹部にも理解を得ました。そうして、前に進めることになったのです。次回日程を確認して初回打ち合わせは終了しました。

「これからよろしくお願い致します。」と、ここまでの流れは、A社も他社と変わりないものでした。打ち合わせを終えて帰りの道すがら、A社との予定について考えていました。

特に、急いでやりたいとか、ゆっくりにして欲しいという要望もなかったため、定例的に月に1回程度の通常のペースを想定していました。

A社は良くも悪くも平均的な会社でした。利益率も世間水準、技術的な特徴がある訳でもなく、仕組みも世間並み。社長が個性的であるとか、そういうことはなかったのです。そのためか、他社と比較して優れた仕組みを作ったり、他社よりも早く成果を出したりすることへのこだわりもあまり感じられませんでした。

「いつも通り進めよう」と思いつつ帰宅する私は、後にA社が思いもよらぬほど短期間でヒットを飛ばすことになるとは、予想していませんでした。

ミドルアップ・トップダウンアプローチ

「それでは、社内セミナーを始めます。講師はコンサルタントの中村先生です。それでは中村先生、よろしくお願い致します。」

その後、A社社員が40名程度集まった会場で社内セミナーをすることにしました。仕組みづくりの最初のステップは高収益化可能性診断の社内セミナー（報告会）です。社内セミナーとは、関係する社員を集めて、高収益化可能性についての事例や理論を共有するものです。講師は私が務めます。

なぜ社内セミナーをするのでしょうか? 経営者によるトップダウンの意思決定に社内セミナーなどはいらないと思われるのではないかと思います。しかし、なんらかの改革を試みた方がある方ならば分かると思いますが、経営者がいくら息巻いたところで現場はそう簡単には変わってくれないのです。

よく「2：8の法則」と言われます。組織全体に改革に前向きな層は全体の2割しかおらず、日和見層・保守層が残り8割という意味です。一般常識としても、8割の日和見・保守層を突き動かしていくことで改革が進みます。

他社同様、A社でも社内で事前に参加者を募りました。A社の高収益化可能性の診断結果についてのセミナーがあることを広報してもらいました。A社では参加は任意として開催しましたが、開発部門に限らず、営業、製造部門の関係者も出席しました。結果、大きな会議室がいっぱいになりました。

セミナー内容は、高収益R&Dに関する考え方・実践方法です。また、セミナー前に事前に調査を実施し、A社の課題について、診断結果を説明しました。次のように話したのです。

「開発テーマの大半が顧客要望対応になっているようですね」

「顧客要望対応で独自性がでれば良いんですが、これまでの経緯で特許がとれたケースはほとんどないようですね。」

「独自性がない商品をいくら開発しても忙しいだけで儲からず、『貧乏暇なし』になりますよね」

私はこのようにセミナーで語りかけるのですが、このような語りかけに「痛いところを突かれた」と感じる人は少なからずいます。A社でも同様でした。

A社セミナーでの診断内容
・A社は顧客要望対応に終始しており、高収益R＆Dとは言えない。
・独自性のある技術を開発しなければ、高収益化は難しい。

後日、A社で打ち合わせしていた席で、私はA社長に対して社員の意見を聴取した結果見せていました。A社長は「社員の意見が確認できて良かったです。」と言われました。セミナー終了後に社員の意見を調査したのですが、他社同様A社でも、セミナーでの改善提案が概ね賛同されたことを確認することが出来たのです。

しかし、改善提案といってもまだざっくりと方向性を出した程度に過ぎません。実際に改善を進めるためには具体的な準備をしていく必要がありました。具体的な準備を進めるためにはある程度の手間がかかってきますので、専任者を立てることをオススメしています。それなりの作業負担となりますので、具体的に進める人と組織が必要になるのです。

「Tさんを専任にしてはどうでしょうか？」

私はこのように提案しました。事前の打ち合わせで、私が提示した人材像に対して、「Tさんが適任」であるとA社長に聞いていたためです。

「いや、Tはうちのエースだから困ります」

同席していた先程の幹部が一言漏らされました。新しい仕事には新しい人や組織が必要になるのは当然であることは、頭では理解できるものの、実際にやろうとするとこういう意見が出がちです。総論賛成、各論反対というのはどこにでもある話ですが、まさにそんな状態です。

「他に誰かいる？」とA社長が語りかけます。

「・・・」と黙り込む幹部。

Tさんをとられては困るものの対案があるわけではない幹部に社長は続けました。

「じゃあ、君に任せるから組織作りをやってくれ」

「分かりました」

こうして、社長はこの幹部に対して組織作りを任せました。しかし、幹部の表情から私はイヤな予感がしていました。

余談になるようですが、コンサルタントとして多くの人と接しますが、表情や仕草にその人の考え方というのは現れるものです。

改革に前向きではない人は、コンサルタントの私とは目を合わせようとはしないものです。会話はしているが、目は合っていない。善し悪しの議論ではなく、こうした人は少なからずいると思っています。

私はこの幹部にも同じようなものを感じていました。表情はとても前向きには見えない感じだったし、目を見て会話をしないし。どこかよそよそしい。とはいえ、私がとやかく言えることではありませんでした。

私は、クライアントの組織作りには口は出しますが、手が出せるわけではありません。とにかくA社では、このような検討がなされたため、この議論の推移を見守って、組織ができて次のステップが進められるようになるまで、待つことになりました。

1ケ月して、この幹部に進捗を聞いたところ、このような回答が帰ってきました。

「いやー、忙しくって全然進まないんですよ。すみません。やりますので。」

前述のような予感があるとはいえ、一般的にも1ケ月程度で結果が出るとは思っていません。判断には早いものです。

「引き続きよろしくお願い致します」私はそう言い、社長も同様でした。

しかし、季節が変わり、数ヶ月経っても同じようなやりとりが繰り返されました。一向に変わらないことが徐々に明らかになってきました。

「何か困ったことがあるの?」とA社長が聞くと
「いやー、現業が忙しくて、すみません。」と幹部が話します。

何ヶ月か幹部の話しぶりや理由付けを聞くにつれて、この幹部にはやる気がないことが私には感じられました。社長も同様だったようです。社長は表情には出しませんでしたが、徐々にフラストレーションがたまってきた感じでした。

そしてさらに季節が移りました。私たちは組織作りだけでなく、新しいテーマの創出に関する別の作業も推進しており定例会議を持っていましたが、冬になってその定例会議に参加されていた幹部の姿が見えなくなりました。


「体制が変わりましたので」

A社長はそう言って、組織作りなどの仕事から幹部を外されたことを告げられました。社長の表情は一切乱れず、苦笑いも一切浮かべずにまっすぐに私の目を見て言いました。

このやり取りから、A社長の改革にかける決意を感じました。

社長のこの対応は冷徹といえば冷徹だったのかも知れません。しかし、それは一つの側面に過ぎないと思います。経営者は清濁併せ呑むことが必要な仕事です。幹部を役員としてこれまで処遇してきた一方、この改革においては頼りないところがあったために変更する必要を感じて断行したという、それだけのことです。

仮に、A社長が幹部の怠慢を容認していたとしたら、改革は進まなかったことは間違いありません。

幹部は日頃尊重している相手とはいえ、当時の社長要望に反することを冷静に認識したことでしょう。A社長には収益性の向上に関する明確な意思があっただろうと思います。社内セミナーによって、改革への意思形成ができたとしても、それはあくまでも総論としての話です。

各論になれば、このような抵抗が必ず出ることは、なんらかの改革経験者であれば説明するまでもないことだろうと思います。A社長のような対応ができるかは、収益性を意識した上で経営者のあるべき人間像を追求しているかが如実に出ます。

ただ優しいだけでは駄目です。ただ厳しいだけでも駄目です。収益性の向上への意思を基礎として、必要な場合をよく見極めて、人事を断行することが経営者には求められます。

サラリーマン的経営者にはなかなかできないことです。

会議室には、Tさんが座っていました。第1章でも説明しましたが、Tさんは A社技術者で転職組ながら課長を務めているエースです。幹部が組織作りに逡巡している間に、定例会議でTさんはテーマXを発案していたのです。

そうして幹部不在のまま、組織作りについての話題を協議する段階になりました。そして、第1章で触れたとおりにTさんをアサインすることになるのですが、以下のようなやりとりがなされました。

「T、君がやってくれ。専任にする辞令も出す。」社長が言いました。

「え、Tを専任させる？ 受注案件どうするんですか？」Tさんの上司が応じました。

「そこは君が何とかして欲しい。社長として決めさせてくれ。いいね？」と目で押しました。

「分かりました。」

こうしてA社での体制が決まったという訳です。Tさんを中心として、新規部門をつくるというものでした。

キラー技術開発法による仕組みづくりでは、通常、高収益化可能性診断の後、ステップ2以降を担当する方を決めてから次に進みます。

できるだけ、専任が望ましいと言えます。なぜならば、専任でなければ進められないからです。逆に専任を決めれば、その人が中心となって検討が進められます。ボトムアップといえば通りやすいのですが、実施者は大抵ミドルなので「ミドルアップ」と言った方が正確かも知れません。

A社では、幹部が組織づくりすら先送りしていたことに触れましたが、社員の視点では日常業務が最優先です。そのため、新規業務の優先順位は低くなります。この資源配分ができるのは社長のみです。ここだけは、トップダウンが必要です。

次の項では、ステップ2の技術戦略の検討について説明したいと思います。

ステップ2. 技術戦略の検討

技術戦略策定の進め方

ステップ２以降は、技術戦略の策定です。関係者での定例会を行います。技術戦略策定のために、最初に行うのは技術の棚卸しです。コンサルティングでは実務的なことがクライアント社員にできるように、ワークシートを提供します。技術の棚卸しのワークシートは図５に示すものです。

なお、蛇足になりますが、このようなワークシートがあると社員がスムーズに実務を遂行出来ます。実務上のイメージができるからです。経営者はこうした進め方にも十分配慮しなければなりません。経営者とは異なり、社員は気合や根性では動けないのです。

「まずはこのコツに沿って、自社技術の棚卸しをしてください。宿題は２週間位を目処に出してくださいね。」

社長、Ｔさん、その他のメンバーが集まる定例会において、自社にある技術の棚卸しを始めてもらうことにしました。

「過去の案件って散在していますよ、サーバー内を見ないといけないですよね。」

Ｔさんがぽつりと言われました。

①商品分解法（どら焼きを例として）

商品	基盤技術	小分類
どらやき	あんこ製造技術	原材料を見分ける技術
		配合比率、加熱強さ・時間を考える技術
		状態を判定・制御する技術
	皮製造技術	原材料を見分ける技術
		配合比率、加熱強さ・時間を考える技術
		状態を判定・制御する技術
派生商品	小豆ポリフェノール	小豆の皮からポリフェノールを抽出する技術

②部署別整理法（接着技術を例として）

大分類	小分類
粘着技術	粘着剤設計技術
	粘着剤特性評価技術
	積層化技術
	基材技術
	はくり技術
	粘着剤合成技術
塗工技術	高密度塗工技術
	薄塗技術
	・・・

図5．技術の棚卸し一覧表

「案件ごとに設計基準を書いているけどさ、それって別の案件に承継されないよね」

「最近は検図者ですら、過去の設計思想を分かっていないことがあるから困ったものだ」

Tさんの発言を皮切りに、関係者がそれぞれの視点で発言を始めます。

案の定と言いましょうか、A社でもやはり技術の棚卸しはしていなかったのです。繰り返しになりますが、A社は製造装置メーカーです。受注案件ごとに技術（設計思想・設計基準）が存在したりして文書が散在していたのです。一元管理されないと知っている社員は知っていますが、知らない社員は知りません。社歴が長ければ知っている事が多いが、若い社員は当然に知らないという状態でした。

技術の承継は、技術戦略とは直接関係ないものの会社の存続のために必要です。技術の一覧表を作るだけでなく、技術の解説書を作ってもらうことにして、その会合を終えました。一般的に技術企業の社長は忙しいものです。営業や短期的業績の達成で精一杯ではないでしょうか。とても、技術資産の承継にまで思いは及びません。しかし、それが中長期的成長のネックになるのも事実なのです。

こうしたことは、社長が理解しなくても良いのではないかと思われるかも知れませんが、あなたの会社の経営幹部にその認識があればその通りです。なければ、中長期的成長のために、そうした視点を植え付ける必要があります。

「正しい」自社技術の棚卸し

ここで、技術戦略策定のための技術の棚卸しの目的と注意点を説明したいと思います。

先述の通り、経営者は、自社の技術的資産が継承されていて当たり前と考えそうです。しかし、私の経験では、ほとんどの会社では棚卸しをしていない、あるいはしていても、意味のある棚卸しはできていません。していなくても、すぐには困らない・効果がないように感じられるのが棚卸しとも言えます。

余談ですが、技術の棚卸しを含めて技術戦略策定はサプリメントとか漢方薬のようなものかも知れません。飲んでいれば病気にはならないが、飲んでなくてもすぐには困らない。そして効果は感じることはできても時間がかかる。

それと同じで、技術の棚卸しや技術戦略策定はやってなくても顧客要望対応できるため困らない。そういうものです。

確かに、実施していなくても困らないのですが、実施していない会社はほとんどの場合低収益です。その理由は、棚卸しをしなければ納得出来る新しいテーマを出すことができず、従って新商品開発がうまくいかないからです。

技術プラットフォームの形成や、技術マーケティングという、更に高収益が見込める次のステップにもいけません。自社技術の正しい認識がないままでことを進めようとすれば、畑違いの遠いテーマを出してみたり、夢物語のテーマを発案したりするのがオチです。

なお、技術戦略策定のための技術の棚卸しは承継のために実施するものとは違う手法です。後に続くテーマを創出するためのコツがあるのですが、コツを意識しながらやらなければ後で導く結論がとんでもないものになってしまいます。

よく、素人が進める棚卸しを見ますが、非常に細かいが本質を捉えていないもの、逆に大雑把すぎてよくわからないものなどいろいろあります。

コツや全体像を意識しないまま進めれば、ほとんどの場合失敗します。どういうことかと言えば、大事な結果を出せないのです。技術戦略策定のゴールはあくまでも独自性のあるテーマです。全体像やコツを外せば、棚卸しのための棚卸しになるのがオチなのです。

独自性と質の高い知財の形成が、結果として欲しいものであることを十分に意識して、大局観のある棚卸しをしなければなりません。

コア技術がない場合の対応策

「当社の技術はこのようになります」

次の会合において、技術の棚卸しの成果を共有しました。Tさんがパワーポイントで、一覧を示しました。強い技術／弱い技術が色分けされてカラフルなチャートになっていました。

「濃い色がないので分かるとおり、当社のコア技術はあまり強いものがありません。」そう説明しながら、Tさんの表情は徐々に沈鬱になっていきました。社長含めて関係者は何も言わず、誰かが言葉をつなぐのを待っている、そんな雰囲気が漂いました。

一般的に、技術の棚卸しはコア技術の評価を伴うものです。コア技術をベースとした次のテーマを考案するのが有利だと考えるからです。

しかし、一般的に、コア技術がないとか、薄い場合の対処法は広く知られてはいません。そのため、Tさんはじめ A社のメンバーは沈鬱な表情になったのだと思います。

「分かっていたとはいえ、惨憺たるものだな」社長が言葉を継ぎました。

他社同様A社でも、コア技術の有無について検討していただきましたが、Tさんの言うようにその成果は惨憺たるもののように見えたと思います。どうすればいいのか分からなかったでしょう。コア技術がなければ、自社のテーマをどのように発展させれば良いのかが分からないのが一般的だからです。

このことを、分かりやすい例え話で説明します。

例えば、ダイソンはヘアドライヤーを販売していますが、格安ヘアドライヤーが

2000円程度なのに対して、ダイソン製は4、5万円程度します。高収益なのは説明するまでもないでしょう。

ダイソンのコア技術はモーターと流体制御。顧客価値は、髪の毛がよく乾くというものです。実際に使った人の声がSNSなどに上がっていますが、ダイソンのドライヤーを「買って良かった」という声が多数あり、その価値が認められています。

一方、2000円のヘアドライヤーを販売する家電メーカーはどうでしょうか？ 収益性が低いのは言うまでもないことでしょう。

なぜかと言えば、モーターや流体制御などの分野においてダイソンの技術に劣るからです。もし同じ技術レベルにあれば簡単に模倣できます。このようにコア技術の強さは収益性に直結する問題です。

しかし、コア技術が薄くても対応せず、ずるずると顧客要望対応に走りがちです。

家電量販店のドライヤーコーナーに行ってみてください。色や形が違うものが2000円前後でたくさんならんでいますから。色や形を用途に合わせて開発しても。図面や在庫が増えるだけで売値が変わりません。

このように、コア技術が薄い場合には、新商品を出しても高収益にならないのが分かるため困ってしまうという訳です。

A社メンバーの沈鬱な面持ちを見ながら、私は説明を始めました。「コア技術がない場合や薄い場合の対処法があります。ココが肝になりますので、よく聞いてください。」

コア技術がない場合の対応は、顧客要望対応ではありません。コア技術が薄いまま製品化すれば、低付加価値・低価格になるのがオチです。

コア技術がない場合の対応は、やみくもな用途開発でもありません。やみくもに用途開発をすれば、2000円のドライヤーのような低収益商品ができます。

コア技術がない場合の対応は、新しくコア技術を作ることなのです。このことを認識しなければ、軽薄な用途開拓や顧客要望対応に走って、時間やお金をロスしてしまいます。

図6に、コア技術の要件の一部を示します。図6の3つの要件は普遍的なもので、十分に考慮しなければなりません。

「では、今説明した手順で、新しいコア技術を考案してください。」

図6などをもとにして、A社メンバーに新しいコア技術の要件や手順を説明した後、私はこのように言って宿題を提示しました。

「あの、中村さんがホワイトボードに書いてくれたので良いのではないですか?」とTさんが質問しました。

「ホワイトボードに書いた内容」というのは、私が考えるA社の次のコア技術でした。

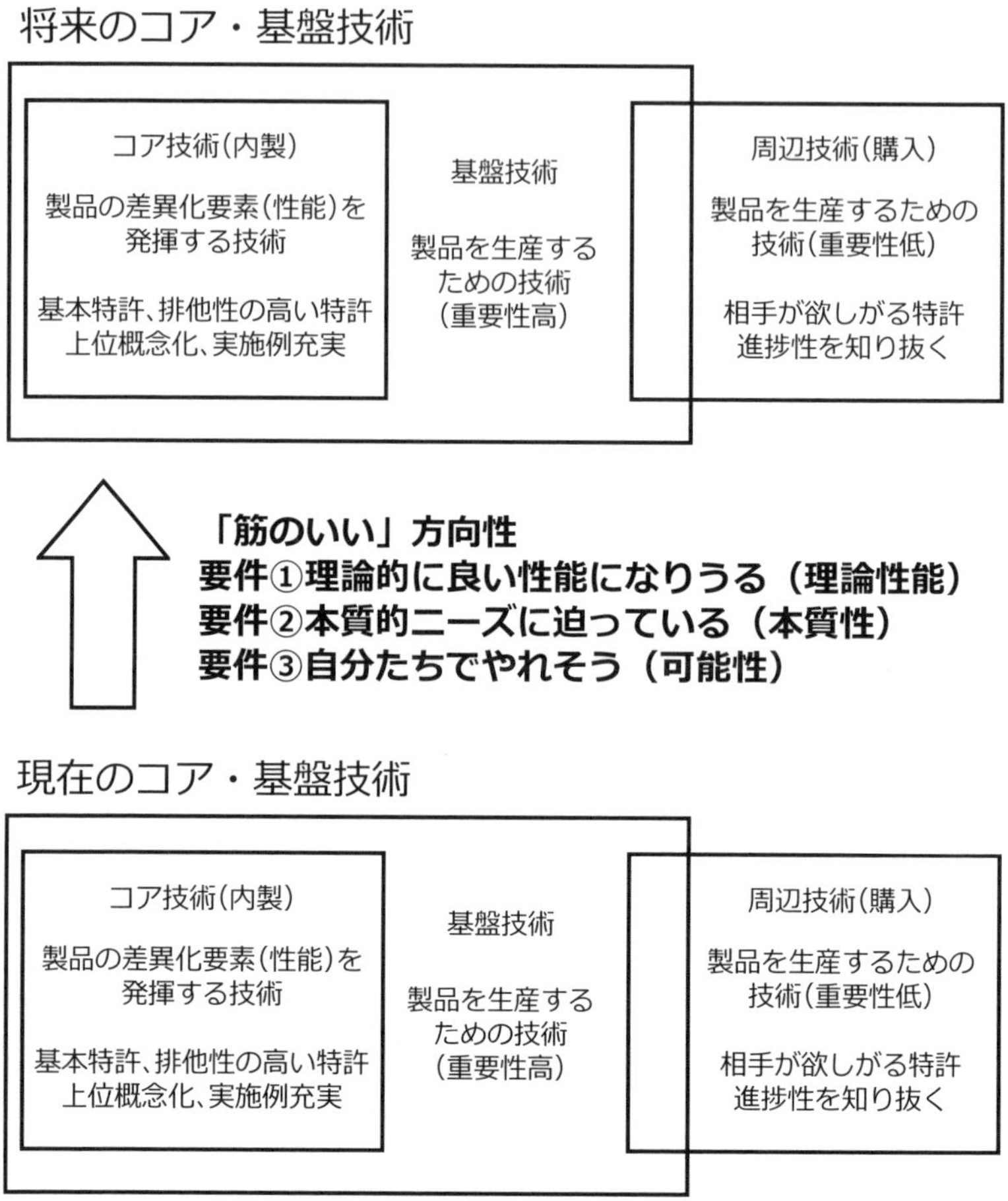
将来のコア・基盤技術
コア技術（内製）
製品の差異化要素（性能）を
発揮する技術
基本特許、排他性の高い特許
上位概念化、実施例充実
基盤技術
製品を生産する
ための技術
（重要性高）
周辺技術（購入）
製品を生産するための
技術（重要性低）
相手が欲しがる特許
進捗性を知り抜く
「筋のいい」方向性
要件①理論的に良い性能になりうる（理論性能）
要件②本質的ニーズに迫っている（本質性）
要件③自分たちでやれそう（可能性）
現在のコア・基盤技術
コア技術（内製）
製品の差異化要素（性能）を
発揮する技術
基本特許、排他性の高い特許
上位概念化、実施例充実
基盤技術
製品を生産する
ための技術
（重要性高）
周辺技術（購入）
製品を生産するための
技術（重要性低）
相手が欲しがる特許
進捗性を知り抜く

図６．技術戦略の方向性

具体例がなければ分からないため、具体的にコア技術像を書きながら、原則を説明するのが私のやり方です。

ただし、あくまでもそれは説明のための例え話であって、部外者である私が考えたものであると位置づけています。

A社に限らず、コンサルティングの着手前には、相当程度クライアントの会社や技術について調べますので、私自身もある程度次のコア技術が思い浮かぶようになってはいます。そのため、ホワイトボードに書いた内容はそれなりの説得力・魅力を備えた内容だと思います。

しかし、それをそのまま利用しては社内で実施したことになりませんので、現実的なものをA社内で考えるように、という宿題を残して私はA社を後にしました。

本質的ニーズに迫ることの重要性

図6の要件の一つに、本質的ニーズに迫ることの重要性を書いています。この本質的ニーズに関する要件が極めて重要です。

セミナーをしていると、よく「ニーズ主導かシーズ主導か、どちらが正解か」等と質問をする方も来られますが、経営者としては、社員がこうした質問をする段階を早期に卒業させなければなりません。ニーズ主導と言えばニーズが聞けているようで素晴らしいのですが、表現の良し悪しは別として「下請け」と紙一重であることは間違いありません。それだけ、顧客要望対応型の開発では高収益にするのが難しいことは本書では散々指摘してきました。

しかしながら、私は顧客要望やニーズを無視しても良いとは思いません。**むしろ正反対で、顧客ニーズを正面から捉えるべきだと考えています。**

正面から捉えるというのは、顧客の言うことを聞くことではありません。顧客を上回るくらいニーズの本質を捉えているということです。

このことを上手く説明するため、本質を捉えたことで有名な言葉を紹介します。自動車会社のフォードの創業者であるヘンリー・フォードの有名な言葉です。

今やビッグスリーの一角である同社も、当然ながら創業当時はベンチャー企業でした。小さな会社の経営者としては、顧客ニーズにすがりたくなるものですが、フォードを取り巻く環境はそうではなかったことを述懐してこう述べています。

「顧客に何が欲しいかと聞けば、彼らは早い馬が欲しいと言っただろう」

この発言の意味を解説すると、その当時は馬が主要な移動手段だったため、顧客に聞いてもダメだったという意味です。

人の「移動したい」というニーズに対して、当時は馬に餌を与え、世話をして、疲れたら休ませ、生き物ですから疲れることも死ぬこともあることを受け入れる必要がありました。言い換えれば、あらゆるコストを支払っていたというわけです（「生き物にコストという表現はどうか」という倫理的ご意見もあるとあると思いますが、それは本書で取り扱う題材ではありません）。

そこに登場してきたのが内燃機関式の自動車というものです。自動車によって、馬の世話から解放されれば、圧倒的に低コストで移動ニーズが叶えられるという訳です。本質的ニーズに目をつけたフォードが事業に成功したことは言うまでもありません。

ここまでで本質的ニーズに迫るという言葉の意味はお分かり頂けるのではないかと思います。技術戦略では本質的ニーズに迫ったテーマを立案します。

潜在課題の発掘

ここまでで、本質的ニーズに迫ることが大事であることはお分かりいただいたと思います。

本質的ニーズを捉えれば、事業が長続きします。「移動したい」という本質的ニーズを捉えた新たな技術（自動車）を開発したことにより、フォードの事業は長続きしました。

フォードの時代、顧客が「馬がほしい」と言ったとされていますが、このように、顧客自身は本質的ニーズを分からないものです。彼らは本質的には移動したかったのです。しかし当時、顧客の口からでるのは、「馬がほしい」という言葉でした。顧客の要望がいかに信頼できないか、伝わるでしょうか。顧客の言葉を鵜呑みにすると先に触れた馬具メーカーのようになってしまいます。

ただ、このようなことを知っていたとしても、実践できるかと言うと残念ながら話は別です。何度も主張しているように、理解と実践は違います。

経営者が知っているだけではもちろんダメ。社員が知っているだけでもダメ。社員が知識を通じて実践できるようにならなければダメです。先に触れたとおり、資源配分を社員に任せれば凡庸なものになってしまうのです。

そこで、経営者が考えることは、どうやって社員に本質的ニーズを探索させられるのかです。業務に落とし込まれなければならないのです。

私の支援する高収益企業では、社員に次のような意識を持ってもらっています。

・顧客には、自分の欲しいものが分からない。
・本質的ニーズは、顧客に変わって我々が先取りするものだ。
・本質的ニーズを発掘するために、顧客の潜在課題に鋭敏になろう。

本書では繰り返し「潜在課題」という言葉を使っていますが、本書冒頭の用語にもある通り、潜在課題とは、顧客が気付いていない将来の課題や現在の非効率です。

この潜在課題を深掘りすることにより、本質的ニーズに気づき、本質的ニーズを実現する独自技術を仕込み、知財を取ることが本書の中核的主張です。

技術戦略の策定段階では、このことを実現するために、顧客の潜在課題を把握することにしています。

A社でも同様に、顧客の潜在課題を把握することにしました。

図7のようにまとめることにしたのです。


「では、図7に沿って潜在課題の把握方法を説明をしますね」私はこのような調子でA社での説明を開始しました。ワークシートに沿って、私とA社社員が一緒になって収集した情報を深掘りしていきます。その目的は「体感」にあります。

	顧客Ｘ社（例）	顧客Ｙ社（例）
潜在課題の項目名		
潜在課題の内容詳細		
潜在課題の大きさ、定量化		
潜在課題が発生する理由		
従来のやり方		

図７．潜在課題の一覧表

なぜそういうことをするのかと言えば、運用を上手く行かせるためです。ワークシートや説明資料だけ渡されて、意味や運用イメージがつかめる人はいないでしょう。そうすると、知識があっても運用できない状態になります。

本書では、潜在課題に基づいて独自技術を開発して知財を取得することを提案していますが、そのことの成功体験が多い社員がいなければ運用は成功しないのです。成功体験とは、一通りやったことがあることです。

経営者としては、そういう成功体験がある社員が自社にいることを心強く思うのではないでしょうか。

本書では、経営者を資源配分者と位置づけていますが、このような成功体験を社員にもたせる事は、経営者の資源配分の結果なのです。

成功体験の再現、拡大再生産により会社が発展していく。一過性のものではなく、繰り返して再現することができるパターンを作っていく。このイメージは、経営者の視点でしか持ちえないものです。

話を社員に戻すと、社員が一度体感することができれば、「なるほど、そういうことね」という感想が得られます。こういう感想を得られればしめたものです。体験は知識に留まらないものです。体感は血や肉となり、再現可能なワザになります。

テーマ段階で検証しなければ失敗する

コア技術がない場合は、新しくコア技術を作ることが大事であることを説明しましたが、実際にコア技術を作ろうとする前にやるべきことがあります。

新しいコア技術開発の失敗を防ぐためには、市場に出た後をイメージすることが必要なのです。商品が市場に出た後、どういう状況が望ましいかと言えば、独占が望ましいのです。高収益を目指すわけなので当然です。模倣品、競合品があると独占にはならないため、模倣品、競合品が出ないようにしなければなりません。

しかし、コア技術を作ろうというタイミングと商品が市場にでるタイミングは相当な開きがあります。そのため、イメージと言っても難しい訳です。そのため、多くの会社では、新しいコア技術をなんの検証もナシに作ってしまい、失敗するのです。

中小企業に限らず大企業であってもこれは同じです。研究開発にはトレンドがあります。このトレンドとは雑誌や新聞に書いてあることという意味です。雑誌や新聞に書いてあることを実施すれば、市場に出たときに他社とかぶってしまうのは自明でしょう。

過去にもトレンドの罠に多くの会社がはまってきたことがあります。乱暴に概括すると、1980年代は半導体、1990年代は太陽光発電、2000年代はIT・インターネット、と多くの会社が同じテーマに経営資源を傾けました。

一時期は華々しく話題になりますが、残る勝者はごくわずかだったのは説明するまでもありません。半導体にしろ、太陽光発電にしろ、多くの日本企業が開発していた一方で市場に残っている会社は少ないのです。

あなたは、会社を世間のブームの衰退の波に晒したいとお考えでしょうか？

成熟メーカーではますますこのことに注意しなければなりません。なんの検証もなく、トレンドに乗ることほど、愚かなことはありません。人間、目にする情報に弱いものです。新聞や雑誌を取っていれば向こうから情報はやってきます。経営者が骨の髄まで独自性を意識しなければ、新聞や雑誌の見出し、広告に踊らされて判断してしまうことに注意しなければなりません。

次世代のコア技術を見つけたつもりになっていたとしても、検証を怠ればただのぬか喜びでは済みません。その後、投資をし、労力を傾けるのです。相当な資源投入をした上で結局回収できないことになるのですから、大損になることを意識する必要があります。また、その時間を別のテーマに振り向けていれば投資は回収できるかも知れないわけです。機会損失になることに十分意識をする必要があるでしょう。

このように、テーマ段階で検証しなければならないことがあるわけですが、A社でも検証をすることを推奨しました。

「テーマX、テーマY、テーマZというのが考案した次世代コア技術です。」とTさんが説明しました。その時、Tさんの表情はかなり喜びにあふれたものでした。今まで思ったことはあってもカタチにできなかったことを仕事にできる感じが伝わってきました。

A社長は腕組みしながら聞いていました。

守秘義務の関係でテーマをX、Y、Zとしか表記できないのは残念ですが、どのテーマもA社にとって重要そうなテーマであることがTさんの説明からは感じられました。腕組みしている社長も慎重に頷きながら話を聞いていました。

「では、テーマ立案前に検証する方法を説明しますね。」と私が説明を始めました。検証することはもちろんですが、検証するノウハウは極めて重要です。

先に述べたとおり、市場に出て他社と競合することが分かったというのでは、投資が無駄になったに等しいからです。技術開発には時間もお金もかかります。損失を防ぐためには絶対に必要であることはお分かりいただけると思います。

検証するノウハウについて少しだけ解説します。検証するノウハウとは、知財情報を有効活用することです。テーマによって知財情報の活用方法は異なりますが、特許マップを使って可視化する方法もありますし、先行技術を読み込んでいくような方法もあります。A社で実施した方法はA社にしか当てはまらないため、読者の役に立たないと思います。そのため、本書では示していません。

知財情報から意味のある情報を取り出すためには、知財情報の有用性やできないことをよく知り、使いこなすことが必要です。

経営者自身が納得できるように、テーマの独自性を検証させければなりませんが、自社にその資源がない場合には、外部から調達するのが賢明です。繰り返しになりますが、「経営者は資源調達者」という役割を意識して行動するようにオススメします。

私が一通り説明を終えると、Tさんが苦い表情でこう漏らされました。

「これは今の僕では難しいですね〜。」

「そうだろうな、今まで全然やってないもんな」と社長が笑いながら続けます。

「でも、一緒にやれば大丈夫ですよ」と私がフォローします。

私が説明したのはなにも特別なことではありません。世の中で普通に提供されている情報を組み合わせさえすれば実行できる程度のことです。

問題は、A社では情報を活用できる人材を育成するのを、怠ってきたことにあります。確かに、顧客要望対応を続けていればテーマを検証することは必要ではありませんので、そのような人材育成は不要という訳です。

「では、今月はこれが宿題となりますので、来月までに進めましょう。」その日、私はそう言い残して、私はA社を後にしました。

畑違いの技術でもモノにする

その一ヶ月後のことです。

「調査の結果、テーマYとZはやらない方が良いと判断します。テーマXが当社にとって有望なテーマです」Tさんが報告してくれました。（P31の図1をご覧ください。）

「テーマXかあ」A社長は無表情にため息をつきました。その表情には半信半疑という感じが漂っていました。１００％確信は持てない。しかし、根拠がないわけではなく、やっても良さそうだと思っている。そんな感じの表情です。

それもそのはず、テーマXの調査のために、着々と準備をしていたからです。準備が何かと言えば、テーマXを推進するための検討です。

ここでテーマXが何かをご説明します。A社は電気系の会社であることはすでに述べましたが、電気とITを組み合わせたのがテーマXなのです。守秘義務がありますので詳しくは書けないのですが、現在では「IoT電気製品」と言えば、なんとなくイメージが分かると思います。

このテーマXですが、開発するのに大きな問題がありました。それは、テーマXにA社にとって畑違いの技術であるIT（IoT）が入っていたことです。

A社の事例から少し離れますが、畑違いの技術開発について解説します。一般的には、開発においては畑違いの技術は嫌われます。その理由は、理解できる人が少なくて、できないからです。

しかし、独自性の高い技術開発において、畑違いは極めて大切な要素です。なぜなら、そうしなければ独自性が出ず、質の高い特許がとれないからです。従来技術・従来発想の延長線上にあるのは、凡庸な発想です。誰でも考える課題を、誰もが思いつきそうな方法で解決しても質の高い知財はとれっこないのです。

ただし、独自性のあるアイデアを思いついても、開発できなければ意味がありません。そのため、構築する仕組みには、畑違いの技術でもモノにできる方法が整備されています。然るべき方法をとれば、必ず畑違いの技術でもものにできるのです。

機会損失をなくし、失敗体験を積み重ねないためにも、畑違いの技術をものにする方法は入念に準備しておく必要があります。

話をA社に戻します。

A社長がテーマXを半信半疑でありながらまんざらでもなさそうな表情を浮かべていたのには理由がありました。それは、A社長が畑違いの技術でも、ものにできそうに感じていたからです。

IoTという、A社にとっては畑違いの技術を現実に利用可能にするための方法があったからこそ、A社長はそのような表情でいられたのです。

実際に、この後、A社では、テーマXの開発を進めながら仕組みを構築していきました。開発期間は、試作品の完成までが1年程度と見込まれていました。

そうして、開発着手したのですが、思わぬことが起こりました。着手後1ヶ月くらいして、Tさんからこんな報告が寄せられたのです。

「もう出来ちゃいましたよ。1年かかると思ってたのに。」

そう、開発に着手したテーマXがすでに解決できたというのです。

私はそのことを会議で聞いたのですが、あまりの短さにA社長は「本当？」と、何度も聞いていました。後日、見せてもらうと、確かに原理は出来ている印象が持てました。まだまだ量産で使える技術ではなさそうでしたが、確かに考え方と試作品は出来ていました。A社長もそんな印象を持ったようです。

このようにきちんとした仕組みで技術開発を始めると畑違いの技術でも一瞬で課題解決できることは少なくないのです。

そのため、日常的にこうしたことをしていれば短期間でできても驚くことではないのですが、Tさんも A社長も最初なので、このような感想をお持ちになったようでした。

技術コンセプトが確認出来て試作品ができれば、試作品を通じた市場との対話を始めるのが通例です。展示会に出すことで市場との対話が始まりますが、そうした実務はTさんの仕事になります。当然ながら、市場との対話で顧客の意見を聞くことで改善点は見つかりますので、改善していきます。

ステップ3. 研究開発の推進と仕組みの構築

高収益企業の特許出願の仕組み

特許出願のタイミングはいつがベストでしょうか？

一般的に、企業が特許を考え始めるのは開発の終了時です。開発した技術を元にして、弁理士を呼び特許明細書を書いてもらうという流れをとるのが世間の常識です。

大企業であっても、開発終了時に知財部が開発部門に来て打ち合わせをし、発明を掘り起こすという作業をするのです。

そうやって企業では知財を取得していますし、規模に見合った件数の出願ができているのです。しかし、本当にそれで良いのでしょうか？

高収益を実現するためには世間の常識通りには業務を行ってはいけないことは第1章に書きましたが、特許出願のタイミングでも同様です。

テーマXの推進の過程で「じゃあ、弁理士を呼びましょう」と私が言うと、「え？ まだテーマXはできていませんけど？」と、A社長はきょとんとしていました。A社長の常識から外れるようなタイミングだったようです。

どういうことか説明します。テーマXを着想した当時は、IoTという言葉がありませんでした。そのため、「コンセプト」と言いましょうか、何をどうやってやるのか？というイメージを共有するのは苦労しました。

コンセプト共有の時に役立つのは、構想設計でした。

構想設計とは、異なる技術分野の人が集まる際に、機能ベースで商品を考える手法です。構想設計をすればコンセプトを共有しやすくなります。コンセプトが理解できれば、先にも進みやすいと言うわけです。

そして、キラー技術開発では当然のことなのですが、構想設計ができれば、特許が出願できるのです。

先に述べた通り、アイデア段階での出願は難しいですが、世間一般と同様に開発の終了まで待つ必要はありません。

テーマXの場合には、わざわざ開発が終わるまで時間をかけたとしても、明細書に書ける内容がそれほど違うわけではありませんでした。そのため私は、この時点での出願をするべきだと提案しました。

そこで、その時点で先行技術調査を実施し、特許性がどこにあるかを検討しました。そして、弁理士に説明するための資料を作成してもらい出願を済ませてもらいました。

質の高い知財を考える仕組み

さて、第1章を思い起こしてください。特許は裁判で使える権利が重要です。誤解を恐れずにハッキリ言えば、裁判で使えないような権利はいくらとっても無駄です。

しかし、現実を見ると、この原則を活かしきれている例は少ないのです。権利はある。しかし、使えない。「宝の持ち腐れ」ではなく、そもそも「宝ではないものを持っている」、そんな場合がほとんどだと思います。

信じられないかも知れませんが、開発した成果は素晴らしく、独自技術を作ったとしても、とった特許は使えないものだったという場合はあります。技術開発に相当な投資・労力をかけ、特許まで取って一安心したのに、模倣されて排除できなければ「今まで何をやってきたんだ」という思いになることでしょう。

本書では繰り返し経営者が仕組みを作るということを説明してきていますが、この仕組みの中に裁判で使える権利にするための方法が組み込まれていなければなりません。あなたの会社では裁判で使える権利にするための方法論が仕組みになっているでしょうか？

A社の話に戻ります。

「なるほど、クレームはこんな風に変わるんですね」Tさんがこう言って感心していました。テーマXの出願時に、レビューした時の話です。

「確かに、このままだと取り逃がしになるところだった。」と苦笑いするのはA社長でした。特許の話は専門用語ばかりになりがちで経営者が感心を持たないことも多いですが、A社長のすごいところは、権利形成の非常に重要な話題に関して聞き漏らさずにポイントを押さえているところでした。

その後、「こういう活動をするなら知財担当者は置いても良いね」とA社長が言ったのには理由がありました。A社では過去に知財の仕組みを構築したのですが、一時運用してみたものの、大した権利がとれないために徐々に手薄になり、知財専任者を技術者に配置転換するなどしていたのです。

知財に限らずどんな業務でも収益への貢献が説明出来なければなくなるのは当然です。一見すると役に立たないように見える知財も例外ではありません。

余談になるようですが、知財に限らず経営者の関心の高い／低いは投入する資源に大きく影響を及ぼします。そもそも関心を持てないものに改めて関心を持てるはずはありません。経営者はそれほど暇ではないのです。

経営者が関心を持つべきなのは知財そのものではありません。知財のマネジメント法です。経営者にとっての知財のマネジメント法をマスターするかが重要なのです。

一から勉強することではありません。必要なのは、経営者にとっての知財の本質とそのマネジメント法を分かりやすく説明し、必要なタイミングで耳打ちする参謀の調達です。自ら手を下すことに心血を注ぐ必要がないのは言うまでもない事でしょう。経営者は、必要な資源の調達と活用に意識を集中するべきなのです。

A社でのその後のことです。「やりましたね！」TさんがA社長に話しかけました。A社の特許出願には特許査定となったのです。テーマX関連では3件の出願をし、3件とも登録査定となりました。（図8参照）

A社では、3つの特許を出願し取得しました。

1つ目は基本特許です。テーマXに関する装置のハードウェアに特許を取得しました。

2つ目は、応用特許1です。ハードウェアの改良品に関する特許です。ユーザー評価を踏まえた改良点を反映したものです。

3つ目は応用特許2です。ハードウェアの制御ソフトウェアがあるのですが、そのソフトウェアに関する特許です。

なお、ソフトウェアに関する知財は取っても権利行使できないこともあり、十分注意が必要です。A社ではとることにしました。

図 8 のポイント

・A 社では、3 つの特許を取得した。
①基本特許として、装置のハードウェアに関する特許を取得。
②応用特許 1 として、ハードウェアの改良品の特許を取得。
③応用特許 2 として、装置の制御ソフトウェアの特許を取得。

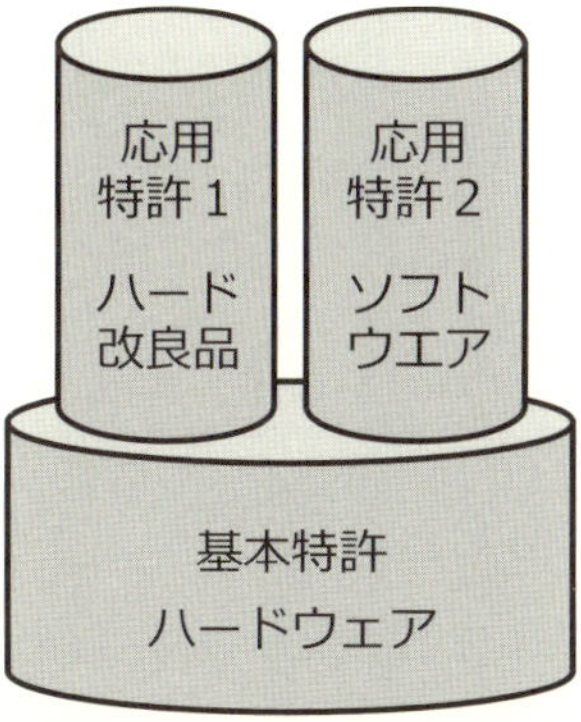

図8. A社での特許のイメージ

素人判断の危険性

前述の通り、A社でのテーマXの開発では、開発を始める前に特許出願をしました。また、質の高い知財にするための工夫もしました。

世間の常識とは違うかも知れませんが、奇をてらったものでは全くありません。高収益にするための常套手段です。細かい話のようですが、高収益はこうしたきめ細かな実務に支えられています。

常識に沿ったタイミング・やり方で外部専門家に任せれば良いと思ったら大間違いです。意識しなければならないのは、常識に沿った実務では漏れが生じることです。

言うまでもなく、世間の常識にとらわれず、自社の実力を上げるべきです。そうしなければタイミングはもちろん、質の高い知財の取得に関してもベストな選択ができるようにならないでしょう。そのために注意することが2つあります。

一つは、素人の集団で判断をしないことです。技術者は技術の専門家ですが、権利形成の専門家ではありません。そのため、知財網の形成や質を高める工夫ができるわけではないのです。経営者は専門家をうまく活用しなければなりません。

注意点の2つ目は、専門家の資質についてです。経営者は次のことを認識すべきです。それは、ほとんどの専門家が、依頼に基づいて仕事をすることです。言い方を変えると、受け身で仕事をするということです。

そして、専門家が受け身のスタイルでは、質の高い知財の形成が困難になることです。専門家が受け身であれば、質の高い知財を形成するリード役を、誰が務めるというのでしょうか？

意図せずに社内技術者になります。しかし、社内技術者とは技術の専門家です。権利網の形成、質を高くする工夫に関して、リード役ができると思ったら大間違いです。

経営者に気づかないところで、質の高い権利を取り漏らすことになります。

経営者は、素人集団で判断しないことや、専門家の資質を吟味し、本当に質の高い知財を生む仕組みになっていることの見極めが必要です。

口を酸っぱくして言いますが、事業は絶対に模倣されると想定して準備をするべきです。模倣を防ぐためには、質の高い知財や模倣を想定した権利形成が必要なのです。

精神論ではなく実際に実行できる仕組みが必要なのは言うまでもありません。

技術開発の仕組み

私は、経営者と社員は「人種」が違うと言っても良いくらい違うものだと思っています。経営者は、仕組みやルールがなくても動ける人である一方、社員は仕組みやルールの下で仕事をする人です。

「人種」と言うのは、変えられない位違うという意味であり、経営者が自分と同じ感覚を社員が持っていると考えるのは、社員から見れば押しつけであり、経営者が思うように進まないのです。

こうしたことを留意しなければ独自技術の開発は進みません。

先々でどのようなことが起こるのかを予め知っていれば、社員でも、独自の技術開発は出来ます。逆に知らなければ、社員では独自の技術開発は出来ません。

なぜなら、独自の技術開発には一定の裁量や権限が必要だからです。その点で仕組みは非常に重要です。

仕組み化は、文書やマニュアル等の作成作業となります。ただの文書やマニュアルの作成と捉えればつまらなく感じるかも知れませんが、文書やマニュアルがなかったことがこれまで低収益を生んできたことを自覚する必要があります。いえ、成熟メーカーはどこもＩＳＯはお持ちでしょう。文書化は進んでいるはずです。

しかし、独自の技術開発のための文書やマニュアルが存在していないのです。ひどい場合には、高収益化のＩＳＯが足かせになっているケースもあります。

コンサルタントを利用して仕組みにする場合、その過程は関与する社員が背景にある考え方や理論を学習する場でもあります。学習と仕組み化が一気に進みます。

利益率と利益額が大きく飛躍するためには、仕組み化は避けられませんし、権限の委譲と幹部・社員の育成は必須です。

A社でも他社と同じように、実際に案件を進めながら同様に仕組みを作って行きました。Tさんを含めて社員の方には、仕組み化を進めると共に開発案件を進めていただくこととなりました。

実際に開発したTさんにこの時のことを振り返って話をして頂く機会があったのですが、次のようなことを言われていました。

「実際に仕組み通りにやってみると違っていて、意外とスムーズに進むものだと感心してしまった」と。

このような感想は、A社長も漏らされています。というのは、テーマXの技術開発前には、「長くかかりそうだな」という意味の事を話されていた一方、やってみると早かったからです。技術開発についても、知財同様に仕組み化が必要なことを意識して下さい。

ビジネスモデルを検討する仕組み

その後、A社ではテーマXの発展形のビジネスモデルを検討することにしたのですが、そのことを説明する前にビジネスモデルの一般論に触れておきたいと思います。

本書の対象は成熟メーカーの経営者です。ものづくりの目的は、ものを販売することかも知れませんが、果たしてそれで儲かるのでしょうか。最近の新聞紙上では、「脱製造業」とか「業界の垣根を越えた再編」とか書かれていることが多いと思いますが、それほど、ただの製造販売では儲からなくなってきたことは、一般化してきたと思います。

製造業であっても盲目的に製造販売をするのではなく、開発したものに応じて適切なビジネスモデルを選択するようにするべきです。

ただ、ビジネスモデルと言っても分かりにくいように思います。よく書籍などに掲載されているビジネスモデルは、サービスモデル、レンタルモデル、消耗品モデル等あります。それぞれにダスキン、レンタカー、使い捨てのカミソリ（ジレット）等の事例があります。確かに、ビジネスモデルの変革に成功した会社は独自のポジションを形成することに成功し、収益性を高めています。

しかし、書籍に書いてあるのを眺めるだけでは、「ふーん」で終わります。実際に実践することが現実にならない限り、競争優位は築けないのです。

ただ、本気と言っても、それなりに必要な準備があるわけです。営業のやり方、物流のあり方、製造物責任・契約等の法務等々、これまでとは異なるやり方が必要になります。難しいようですが、こうした異なるやり方は慣れていないだけであって、考えようによっては簡単にできるのです。ここでも、必要な資源の調達とベストミックスを考えなければなりません。

言うまでもありませんが、せっかく開発する事業の利益が長持ちするように設計する事は重要です。

それには、本書で強調している知財だけでなくビジネスモデルの検討が欠かせません。なぜなら、競合に知財以外の参入障壁につながるからです。

さらに、経営者にはそれ以上に重要な事があります。それはビジネスモデルの検討までできる体制や仕組みの構築と資源調達です。

ビジネスモデルに関する本を眺めるだけなら誰でもできるわけです。具体的に実践できる形で検討できるようにならなければ参入障壁は高まらないのです。

A社での検討の話に戻ります。

「そうすると、○○のサービスが考えられますよね。」

私がこう言うと、A社長は確かにそうだと頷かれました。それまで、ゼロックスの複写機ビジネスに関して説明をし、それをモチーフにしてテーマXのビジネスモデルを検討していたのです。テーマXでは、通信機能を活かして新しい機能が付加できると考えたのです。

しかし、その○○サービスというのは、それまでA社の業界では無料が当然で課金対象になることはないものでした。製品販売時に情報提供されて、顧客にはなんとなく無料だと思われているものです。無料だけに、提供側のこちらも真剣には研究しない、そういうものだったのです。

しかし、私には次のように見えました。つまり、無料だから誰も真剣に研究していない。そのため理屈が分かっていない。科学のメスを入れれば、理屈が分かる。データや根拠を提示することで安定度も高まる。自動化もできる。それには価値がある、と。

価値があると思った理由は二つあります。

一つは、無料のものが有料になることはよくあることだからです。例えば水です。我々はミネラルウォーターをよく買います。

二つ目は、業界初だからです。先述の通り、このテーマは無料だから誰もやらないという状況でした。業界初というのは独自性があるということです。やる理由にはなっても、やらない理由にはならないというのが筆者の主張です。

「○○サービスについて具体的にどうすれば良いですかね？」A社長が聞かれました。ピンと来たのだと思います。私はこう答えました。

「○○サービスのコア技術の深掘り余地について検証することが必要ですよね。」

私はそう言うと、A社の次世代コア技術について、ホワイトボードに書き出しました。具体的にはもちろん書けませんが、図9のような内容です。

A社の次世代コア技術について書いた図は、荒っぽい整理だったものの、○○サービスとコア技術の関連性が感じられる内容だったようです。

「なるほど！そういう風に整理すると良いんですね。」社長はそう言うと、Tさんにホワイトボードを写真に撮っておくように指示しました。井戸のようにコア技術を深掘りしていくことで、○○サービスが具現化できると考えたようです。

図 9 のポイント

・右は、わかりやすくするために、ダイソンの技術を整理したものです。

・下は、A社での技術の整理図です。

・技術プラットフォームとも言います。

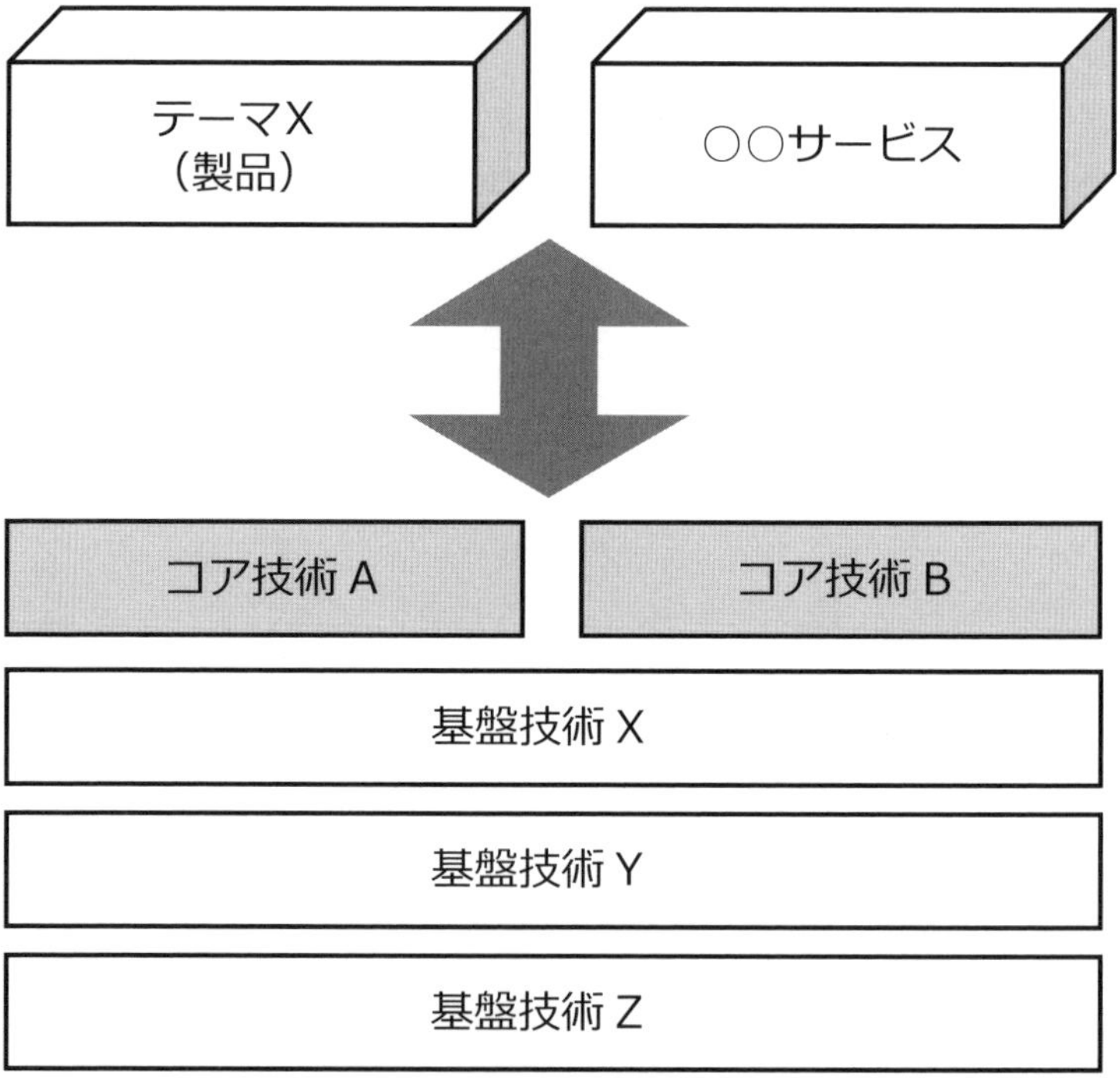

図9. 技術の整理のイメージ図

ここで図9のような整理の意義について説明します。分かりにくいと思いますが、図9のような整理は、中堅企業になれば必ず必要になります。その理由は、ダイソンのドライヤーの例で示した通り、コア技術がなければ収益が見込めないからです。

コア技術が強いものでなければなりませんし、知財が強いものである必要があります。中堅企業以上になると、コア技術を開発する部署と商品開発をする部署は違う事が多いのですが、整理をしておかなければ、それぞれの部署が連携せずに、コア技術を活かした商品開発をしなくなるためです。

こう説明しても、個別事例を当てはめた具体的な説明でなければ伝わらないと思います。勘のいいA社長でも、この時になってやっと分かったのです。整理することの意義や意味について、理解が容易には出来ないことは私には分かっています。

ただし、この整理は中堅企業が高収益化するためには必須です。経営資源の配分を誤らずに投資対効果を高めたい経営者は、絶対に取り組むべきです。手前味噌になりますが、私のセミナーでは詳しいことを説明しています。聞くことをオススメします。

話をA社に戻します。

○○サービスと言っても、どのような条件で販売するのか、サービスを利用して事故等が起こったらどうするのか等々、検討することが山のようにありました。

それらを具体的に解決していかなければせっかくの新しいビジネスモデルが実行出来ません。

既に述べた通り、A社では仕組みづくりを優先していました。新しいことをやろうとするのはテーマXで終わる話ではありませんから新しいことを実行するための検討手順を作っていたのです。

その後、A社では、その検討手順に沿ってテーマXの○○サービスを販売開始してビジネスモデルを多様化しようと検討を進めていきました。

コア技術の深掘りによって、○○サービスを実現できそうだという目処がたったのはもちろんですが、なにより大きいのは、競合企業がほぼできなさそうなサービス化まで踏み込めたことでした。

参入障壁が大きくなったことは間違いありません。それに加えて経営者にとって大きいのは、そういう検討ができる会社になることです。

特許だけではない参入障壁の構築は高収益を目指す経営者にとって悲願と言っても良いのではないでしょうか。高収益が一時的なものにとどまらず、長続きする確信が持てるのです。競合の参入に怯えなくてもよくなります。

現在、A社での新商品の開発は、ビジネスモデルを本で眺めるだけではなく、競合と差異化する有力な方法として捉えることが出来ています。競合企業と差ができるだけでなく、差をつけ続ける仕組みです。

大企業においても、こうしたビジネスモデルの転換は難しいものです。本気で高収益を目指すならば、こうした仕組みの構築を目指して欲しいものです。

粗利90％なら必ず発生する課題がある

A社では、テーマXの推進に関してここまで説明したような進め方をしました。仕組みを構築しながらテーマを推進したのです。本節ではこれまで記載していなかったテーマXのその後を書きたいと思います。

結果的には、テーマXは粗利90％の商品になりました。粗利90％と書けば、「高い」とか「儲かっている」と思われるようで、どこか後ろめたい感じがするかも知れません。しかし、その必要はありません。なぜならば顧客は粗利がいくらかで購入を決めることはないからです。

A社で価格決定する様子は第1章で述べましたが、A社長も「高いですね〜」と言いました。最初はそういう印象を持ったようです。

しかしながら、価格設定は原価からのアプローチではありませんでした。

どういう考え方で価格決定したかと言えば、テーマXによって顧客はどれだけラクになるのか?という計算です。テーマXに限らず、全ての商品にはその役割があり、役割によって顧客が感じる価値に応じた価格がつけられます。

そう考えると、価格決定のロジックは原価がいくらで粗利が何パーセントという考え方ではつけられないのです。

A社では、価格を仮決めして、顧客の反応を見ることとなりました。幸い展示会の反応は良く、顧客の開拓にはあまり困ることはありませんでした。

そして、価格提示してみると、顧客はあっさりと価格を飲んでくれました。契約してくれたのです。「高い」とか「儲かりすぎ」と思っていたのは、A社社員のみだったのです。

A社ではあっさりと価格設定ができたのは良かったのですが、「よかったよかった」とハッピーエンドで終われるほど現実は甘くはありませんでした。

その後も課題が出てきました。予想通りのことが起きたのです。そう、テーマXが第三者に模倣されたのです。

A社長が言いました。「早かったですね、もう模倣品が出ましたよ、価格はうちより、〇割安いらしいです」

A社長は競合の出現に目を光らせる体制をつくっていましたが、「予想よりも早かった」と言います。実際、競合の出現までは2年程度でした。テーマXの営業活動や量産ラインの立ち上げに要した苦労に比べればあまりにも短いものでした。

横道に逸れるようですが、ここで参考に模倣品への対応のポイントをご紹介します。

一般に、模倣品への対応は迅速・かつ丁寧にする必要があります。

何故迅速かと言えば、市場に広がってしまうのを防止するためです。特に市場の立ち上がり時期の対応は大切です。丁寧にというのは、一度生じた誤りを、後の工程で修正するのは極めて難しいからです。

と、ポイントはこの通りなのですが、実際は、模倣品への対応をする際に、慌ててしまったり丁寧に対応出来なかったりすることが多いのです。

よくあるのが、身近な弁護士等に依頼してしまうことです。弁護士・弁理士と一口に言っても、権利行使が得意かどうかは人によります。

弁護士は訴訟に関する事なら知財でも何でも出来ることになっています。弁理士でも、素人目にはなんでも出来そうなイメージが湧くでしょう。

しかし、それはあくまでもイメージの話。イメージと実務は違います。実際に知財の権利行使をしようと思えば、最も重要なのは人選です。

実務に優れた人選をしなければなりません。人選を誤ると思わぬリスクが後で発生したりします。どんな人を選ぶべきかと言えば、大局を見ることが出来る人を選ぶことです。

訴訟は重箱の隅をつつき合うように思われがちですが、実際はそうではありません。

大局観が大事です。大局観とは、権利侵害の発生から終了までの局面を見極めて適切な手を打てるということです。特に訴訟において重要なのは裁判官の心証をいかに形成するかという話です。確保したいのは、大局観のある弁護士・弁理士です。

もう一つのポイントは、妥協点の事前決定です。相手方の対応をよく想定しなければなりません。

こちらが強い特許を持っている場合に、訴訟を提起すれば、相手方は逃れられないと思い設計変更をすることもあります。そして、侵害していないと主張します（否認）。

特許は明細書に書かれたことで判断します。明細書に書かれたことが全てです。そのため、設計変更により侵害回避となることもあるのです。

侵害でなくなっても、相手方が市場に残れば邪魔な存在であり続けるわけです。そうなった場合に、どのような出方をするのか、相手方の出方を見ながらシミュレーションをする必要があります。


「手順に沿ってやりますね？」Tさんの対応は非常に落ち着いたものでした。

「いいですよね？」とA社長が私に確認しますが、それは追認を求めるだけのものでした。

なぜ落ち着いていたかと言えば、質の高い特許と共に権利行使の仕組みがあったからです。


つまり、模倣品は必ず現れるものであり、模倣品対策は日常業務のため、日頃から準備をしておくものであると認識していました。いわば、防災グッズのようなものです。

A社では、その後、準備していた通りに対処して、模倣品をあっさりと市場から追い出すことに成功しました。裁判までせずして、警告書を送るだけで済んだのです。


本書全体では、知財も含めた独自の技術開発の仕組みについて説明してきましたが、その仕組みとはどのようなものでしょうか？

次の項ではその仕組みについて説明しておきたいと思います。

仕組みの要件

ここまでA社でのテーマXの推進を例として、キラー技術開発法の進め方を説明したのですが、本項では、仕組みについてご説明したいと思います。

本書で何回か触れていますが、仕組みとは、組織と業務のことです。業務とは、組織で行う仕事の進め方です。文書があって、文書に沿った業務を行える社員がいることが大切です。

第1章でも書いたとおり、世間の常識通りに業務を進めて高収益になるのであれば、わざわざこのような仕組みを作らなくても良いかも知れません。ＩＳＯや経理規定など、どんな業務にも一般的な規定や解説書があり、書籍に書いてあるからです。

しかし、既に説明したとおり、技術戦略の策定やテーマの推進については節々に勘所があります。

また、独自性を確保するために開発スピードを確保する必要がありますが、スムーズに開発を進めるためのポイントもあります。このポイントを、社員が共有していなければ、仕組みが回っていることにはなりません。仕組みが回っているというためには2つの要件があります。

要件1．社員が運用できる文書があること

最初の要件は社員が運用できる文書の存在です。

この文書の意味を説明します。野球やサッカー等のスポーツでは勝利の方程式があるチームは強いのです。「こうすれば必ず勝つ」という定石があるチームでは、定石を実現するための選手が育ち、勝率が上がっていきます。どうするか定まっていないチームでは勝率が不安定でいつまでも選手は育ちません。

文書は、「こうすれば高収益になる」定石を作る目的で作成します。これがなければ、いくら技術戦略とか質の良い特許とか言っても、社員は見よう見まねで右往左往するだけです。

要件2．経営者が運用すること

そして、仕組みの運用には経営者が関与しなければなりません。仕組みができているとはいえ、社員が技術戦略を作ろうとすれば易きに流れるからです。

どういうことかと言えば、独自性を出すことに労力を惜しみ、営業依頼、顧客要望対応のテーマが載ろうとします。そうなると、独自性が失われ、技術戦略とは名ばかりのことになるのです。私はこれを骨抜き現象と言っています。

そうならないためにも、勘所の運用には経営者が目を光らせる必要があるのです。とはいえ、顧客要望に流れてはいけないとは知っていても、顧客要望という確かなものが目の前にあればやりたくなるのが人間です。

第1章でA社長の胸の内を書きましたが、独自性を出すための資源配分はそれほど簡単ではありません。経営者が運用に習熟するためには、時間が必要なのも事実です。

実際のところ、運用に習熟するために必要なのは、最初に実施するテーマで儲かって投資余力を確保することに他なりません。そのためにも、最初で失敗してはいけません。最初に失敗しないために必要な資源は何かを見極めて、躊躇なく投入することは極めて大切です。

さて、本章では、キラー技術開発法について大まかな流れを説明しましたが。第6章では、高収益企業の経営者にとって必要なことを説明します。

第6章

高収益達成・次のステージへの飛躍

読者への行動提案

本章では本書全体のまとめとして、読者（成熟メーカーの経営トップ）に対して3つの行動提案をします。

A社長がどのように行動したのかを振り返りながら、話を進めたいと思います。

行動提案① 正しいコンサルタントの「選択」と「調達」

A社長は、第5章で示す高収益化に取り組まれるまでは、自社でなんとかしようとしていた訳です。すでに述べた通り、社員は「やるべきことをやっている」という意識でしたし、部門ごとに最適化が図れるように業務をしていました。

しかし、それでは不十分と感じて私のセミナーに来られてコンサルティングが開始されました。A社長は、自社の社員という経営資源では、高収益化に向けた経営改革には不十分だったと感じていたのです。そうして改善に着手した所、幹部の暗黙的反対などがありましたが、改善することに成功しました。

ドライな言い方になることは承知であえてハッキリさせておきたいのですが、優秀な経営者にとってコンサルタントというのは経営資源の一つに過ぎません。本書では、経営資源を高収益化に必要な道具とします。コンサルタントはその道具の一つです。

どんなコンサルタントでも良い訳ではありません。適材適所という言葉があるように、コンサルタントも様々な方がいると思います。A社長は数あるコンサルタントの中からA社に合ったコンサルタントを選択しました。

私の視点では、A社は中堅を目指す規模の会社でしたが、より高収益になるためには、技術者の技術力・知財力を同時に向上させることが必要でした。研究開発と知財が、表裏一体であり、高収益化のために両者を同時に改善できることに気づかれたA社長は、私と一緒に仕事をすることを選択し、私という経営資源を調達した訳です。

読者である経営者にとっても同じです。経営には様々な局面がありますので必要なコンサルタントはその時その時で異なるでしょう。そうした時に、必要な経営資源を選択し、調達することを躊躇してはなりません。

社員数数十人を超えて、高収益化していきたい時も同様です。研究開発と知財の同時向上が必要になる時は必ず来ます。そんな時にも経営資源であるコンサルタントを選択して調達する視点を忘れないことを提案します。

行動提案② エースの投入

A社長がTさんというエースを投入したことは、すでに触れました。エースを投入することは私の依頼でもありましたが、これには理由が3つあります。

一つ目の理由は、既存事業はエースを抜かれてもなんとかなるからです。どんな職場にも「あいつがいなければ」、と言われるようなエースがいることも事実ですし、エースが必要な局面があるのは分かります。

しかし、エースに頼っていても他が育ちません。

逆に、エースが抜かれた職場では、予備軍がエースになることも珍しくありません。「立場が人を育てる」という言葉がある通りです。

また、必ずしも後進を育てるのに適してはいないこともあります。エースは生まれながらのエースであることも多く、「できない人」の気持ちが分かるとは限らないのです。

二つ目の理由は、エースを既存事業に投入できた所で、そもそも利益率の低い事業は、高収益にならないのです。

エースを投入すれば、多少困難な仕事でも無難に終わるだけです。そもそも儲からないものに自社のエースを投入するというのは、利率の低い銀行預金に財産の大半を預けるようなものでしょう。

三つ目の理由は、新規事業はエースの柔軟性が必要だということです。

エースがエースたる所以は柔軟性です。既存事業でも従来にない対応が求められる局面があり、その都度、柔軟に解決策を考えられるからエースなのです。

独自技術の開発には既存事業よりも大きな柔軟性が求められます。従来発想で物事を捉えるようでは新規事業には成功しませんし、特許も取れないことを本書で繰り返し指摘しました。新商品開発にエースを投入することは、経営者にとって必須の決断だと言っていいでしょう。

巷の宣伝文句にあるような、「誰でも短期間でできる」とか、「簡単でも儲かる」とか、甘い言葉に惑わされてはいけません。もしそうなら、あなたの会社はすでに高収益化しているのです。

せっかくエースの投入をするのであれば、正しい努力をしなければなりません。

本書では、独自技術の開発には王道がある一方、その実践が難しいからこそ多くの会社が低収益であることを主張しています。

王道を自社に合ったカタチで実践可能にするためには、エースの柔軟性が必要であることは想像に難くないのではないでしょうか。

行動提案③ 潜在課題を解決する独自技術開発への投資

A社長は、独自技術による競争優位の獲得を目指してテーマXに投資しました。結果は第6章に記載する通りですが、テーマXは高収益商品に育ちました。結果から見ればその通りなのですが、第1章で書いた通り、テーマXの投資にA社長は悩んだわけです。

確かに、悩ましいかも知れません。

顧客要望対応型の研究開発はマイナス金利で預金するようなものです。徐々にではありますが、確実に苦しむことになります。一方、独自技術の研究開発は投資に近いでしょう。損をする可能性もある一方、リターンが見込めます。

私は、経営者ならば迷わず投資をするべきだと思います。

なぜなら、本書ですでに説明した通り、価格主導権が低下した状態での顧客要望対応は利益を生まないからです。そうした状態で顧客要望対応に資源配分するのはマイナス金利で預金するようなものです。

逆に投資のような能動的行動をすべきです。つまり、価格主導権の有無を競合の状況、知財の状況、利益率によって見極めて、独自技術の開発に資源を投入するのです。個人の財布であれば、預金でも投資でも良いかもしれませんが、会社は継続していくものです。

次への投資が必須だということはご理解いただけると思います。もちろん、独自技術と言ってもニーズを無視して良いという意味ではありません。潜在課題に着目した独自技術開発が大切です。

潜在課題に着目した独自技術の開発というのは、高収益企業の王道ですが、本書で何度か触れた通り「言うは易し行うは難し」です。ただそれだけに、実現した時に、競合企業との本質的な差異化（組織能力の差異化）に繋がります。

投資と同じです。投資で失敗する例がある一方、うまくいく人はうまくいっています。上手くいくやり方を学び、自分流を体得し、実践する事で学べるのです。

A社長はそれをよく認識していたのだろうと思います。社員の知見では足りないと感じ、コンサルタントを調達。うまくいくやり方を学び、独自の技術開発案件に投資することで自社流を社員に身につけさせました。

独自技術の開発に投資し、自社を強くしているのはA社長だけではありません。

私は、本質的ニーズに着目した独自技術開発への投資によって学び、更に強くなり続けることこそ、会社を継続させていく唯一の方法と言って過言ではないと考えています。

絶対に、価格主導権を見極めて、独自技術の開発に投資する姿勢を持つべきです。

粗利90%商品開発成功の日

金のなる木はこうして生まれる

「先週、テーマXの受注100件を達成しました。Tさん、おめでとうございます。」

その後、しばらくしてから、定例会議前に、A社の朝礼に同席する機会がありました。営業担当者がそう発表すると、パチパチパチと拍手が鳴り響きました。Tさんは嬉しそうでした。A社長が続けました。

「Tさん、メンバーの皆さん、本当にご苦労様でした。テーマXは会社にとって試金石になる活動だったので、私もほっとしています。100件は一つの節目だと思いますが、まだまだお客様はいるようですので、これにしっかりと対応できる体制をつくって欲しいと思います。それと、『勝って兜の緒を締めよ』という言葉がある通り、テーマXの上にあぐらをかけば元の木阿弥ですので、新しいテーマを作り続けて欲しいと思います。」

その後、A社ではテーマXの販売促進が継続して、今や「業界のスタンダードになっています」とA社社長は述べられています。

A社の独占は向こう十数年は続くはずです（特許の寿命は出願から20年です）。言うまでもなく、テーマXは高粗利です。売れば9割が利益として残るというものですから、使い道をいろいろと考えられるまさに「金のなる木」と言って良いでしょう。

浮かれても良いという話ではありません。経営者が自由に使えるお金があったとしても、それは正しく使うべきだというのが筆者の考えです。

なぜなら、歴史をひもとけば、「金のなる木」となった事業に溺れた会社は少なくないからです。本書でも取り上げたコダック社はその一つです。

つまり、金のなる木ができたからと言って、手綱を緩める場合ではないということです。旧来型の顧客要望対応に戻れば、早晩、低収益になることは、読者の皆さんには説明の必要はないと思います。今後もA社には顧客要望があるでしょうが、今後はうまくそれに対処する必要があります。つまり、顧客要望対応に資源を割きすぎることなく、キラー技術開発に資源を配分する必要があるのです。

第4章で記載した通り、経営者の視点はこの資源配分に目を配ることです。独自性のある事業は独自性のある資源配分からしかできません。

「新しいテーマを作り続けて欲しいと思います。」というA社長のコメントは、このことを十分に反映したものだったと思い、私は内心ほっとしました。

実は、コンサルティングの終了まで、私の意図が本当に伝わったかを判断することは、難しいのです。文書や口頭でお伝えしておりますが、その意図・趣旨は万人が理解可能だと思いますが、体得していただけるのは限られた人だと感じています。

粗利90%達成の後は何をするか?

A社のように粗利90%の商品開発に成功した後は何があるでしょうか?独自性のある資源配分を継続して高収益事業を作り、事業を徐々に入れ替えて、会社全体で粗利50%を達成するのが一つの目安となるでしょう。

なぜなら、折角これから作った仕組みを運用できるからです。

高収益企業になれば、上場/非上場の自由はもちろん得られますし、何より高収益企業として認識されることになります。そうなると、以前より良い人材が集まります。

「財を残すは下、事業を残すは中、人を残すのは上」という言葉があります。経営者の戒めとなる言葉だと思います。人が残らなければ事業も財も残りません。

そして、「人を残す」ことになる中核は、仕組みです。本書で繰り返し説明したとおり、独自性を実現する仕組みがなければ、どんなに優秀な人でも動けません。目の前にある、安全・確実、でも低収益な顧客要望対応をするのがオチです。

独自技術を開発し、質の高い知財をとる。この考え方が具現化された仕組みが中核にならなければ、どんなに優秀な社員でも動けないのです。

ＮＥＣにしろ、コダックにしろ、祖業であった高収益事業はあったものの、事業を拡大させることはできませんでした。

独自技術を作る、質の高い知財をとるというのは、頭では分かっていてもなかなか実践できないというのが現実なのです。

この点では、サラリーマン的経営とオーナー的経営で大きな違いがあります。分かっていることを実践して体得するのがオーナー的経営であり、分かっていても実践できないというのがサラリーマン的経営です。

経営者が社員を育てれば社員は成長します。

経営者として社員をリードし続けるためには、経営者も成長し続けなければなりません。独自技術を開発し、質の高い知財をとる仕組みを磨き続けるだけでなく、他の高収益を生むための仕組みにも視野を広げることで、社員をリードしていくことができます。

仕組みの効果は雪だるま式に膨らむ

雪だるま式に膨らむ理由

例えば、年をとってからスポーツを始めたりする方に、「何事も始めるのに遅すぎることはない」と言うことがあります。健康の維持のためには確かにその通りです。

経営の仕組みはどうでしょうか？ＩＳＯなど誰でも知っている経営の仕組みはやらなければならないとはいえ、やったところで優位性にはなりません。それと同じで、陳腐化が進み誰でもやっている状態になってから始めると優位性にはならないので注意したいものです。

残念ですが、経営には競争の側面があります。始めるのが遅ければ、効果を十分に刈り取れないうちに競合が追いついてしまうのが現実です。競合が始める前にはじめ、熟達するのが賢明でしょう。

著名投資家ウォーレン・バフェットは「スノーボール（雪だるま）」という著書の中で複利の効果を説いています。自分が若いうちに始めたから数兆円の資産を築くことができたのだという話をしています。

会社経営においても同じ事が言えます。

例えば、キーエンスです。同社が高収益企業であることは言うまでもありません。あるとき、キーエンスＯＢの方がその経営の仕組みを指して、「あの仕組みは滝崎さん（キーエンスの創業者・オーナー）の発明である」と述懐されたことがあります。

仕組みが回りに回って、今や時価総額で日本有数の会社になっています。

本書で説明したファナックも同様です。稲葉博士の考案した研究開発の仕組みが周りに回って、高収益企業であり続けています。

東レ、キヤノン、３Ｍなど、本書では取り上げなかったものの、高収益が継続できている会社には仕組み運用の蓄積があるのです。

仕組みの運用は独自技術や知財等の直接的効果を生むだけではありません。高収益が投資余力を生むことに加え、仕組みを運用・チューニングしたりする幹部社員が育つなどの効果も出ます。そうなると、経営が圧倒的に楽になります。

このようにして、仕組みを回さなければなりません。うまく回すことで雪だるま式の効果が得られることが実証されているからです。お若い経営者の方であれば、お若いうちに始められることが賢明です。

一流企業への飛躍

京都には200年以上の老舗企業が多いことは既に触れましたが、背後には多数の廃業があります。

一方、続いている会社の経営者は「伝統を作る」発想で経営をしているのです。「伝統を守る」のではありません。

例えば、羊羹で有名な虎屋（とらや）は、元は京都の会社です。東京に移転したり、カフェの経営やフランスへの進出などで時代に適応したりしています。虎屋が著名であることも、その羊羹が高額であることもよく知られています。

現在、日本には社長が10万人以上いるとされます。しかし、その中で高収益企業の経営者と呼べる人はほんの一握りです。高収益企業経営者の中でも、顧客課題の解決、社員の満足、事業継続のバランスをとって高収益を持続できている方はますます少ないと言えるでしょう。

しかし、本書で説明した通り、A社やB社はキラー技術を開発して、高収益商品を世に送り出しました。そして、A社・B社の社長が仕組みの運用により、今後も高収益商品の投入し続けることでしょう。

また、本書では書いていませんが、仕組みを構築し運用しているのはA社やB社だけではありません。

あなたの会社で高収益の仕組みを構築し、運用するのは現実的な選択肢なのです。ただし、言うまでもないことですが、仕組みの構築と運用がゴールではありません。

高収益企業になったとしても課題は永遠にあります。素人には課題がないように見えても、あえて課題を見出し続け、社員を叱咤して創造力を発揮させて事業を拡大し、さらなる高収益化を目指すことこそ、経営者の目指すことではないでしょうか？

なにも、無限に欲望を持つべきだと言っているのではありません。我々は、宇宙の始まりから約１３８億年の歴史、人類誕生から約20万年の歴史の上に立っています。私たちは祖先が残してくれた資産の上に生きているのです。

歴史的な見方をすれば、人類は奴隷制度や苦役から解放され、創造力を発揮しながら生きる事ができる状態になりつつあります。それが私たちの親世代をはじめ祖先が残してくれた資産です。私は、そうした資産を食い潰すのではなく、さらに発展させる義務があるように思います。

社員に創造力を発揮させて高収益を上げ、さらに創造性を発揮させることができるのは、紛れもなく経営者なのです。

経営者はそうした意識に基づいて、経営者としての自分の能力を高め、会社を導いていく責任があるように思います。どんな会社でも、心から願い努力すれば高収益にすることができます。

そして、高収益を実現したら、必ず仕事が楽しくなります。自分も社員も楽しく仕事をしている姿があなたには思い浮かぶでしょうか?もし、その姿を願うのであれば、本書で紹介した手法を取り入れて、独自技術の開発を進めることをお薦めします。きっと、あなたの願いは叶うことでしょう。


研究開発と知財により高収益化を実現するのは、会社発展のほんの第一歩です。

会社を、次のステージに飛躍させ、更なる高みを目指そうとするあなたを応援しつつ、本書の終わりとさせていただきます。

あとがき

私は若い頃に、共同創業者の一人として起業した経験があります。

当時の上司（株式会社スクウェイブ・代表取締役・黒須豊氏）に新規事業の企画について提案すると、必ず「差異化」を問われました。「業界で最初にやるか、差異化していない事業はやらない」と言われた言葉そのものを強烈に覚えています。

恥ずかしながら、当時の自分にはこの言葉の意味を十分に理解できませんでした。「ニーズがありますからやりましょう。」と提案していました。

しかし、その後実体験を経て黒須社長の言葉が理解できるようになりました。いくつかの企画で失敗した後、その言葉に沿って事業を企画すると、高収益事業にすることができたのです。そのことが私の原体験となりました。

その後、事業が模倣されてしまい、売上だけでなく利益も低下する経験をしました。

実体験を通じて自分の甘さ・特に知財面の弱さを痛感することになりました。

当時の私は、実体験を通じてしか学ばない猪のような若輩者でした。

起業家の端くれとして競争のない世界とその真逆の世界の両方を経験し、知財の大切さを実感した私は弁理士になりました。

しかし、弁理士として業界を見渡せば、知財があるのに模倣されるケースがある一方、知財が少なくても上手にやれば模倣されないケースもあることに気づきました。本書で言う質の高い知財をとった場合です。

この時始めた調査研究は、起業家としての実体験ではなく、経営学の学術研究や企業の事例でした。

この時の私は、実体験以外からも学ぶようになったのです。少しはマシになったのだと思います。

その後、コンサルタントとして独立し、現在では本書で説明した独自の技術開発の仕組みを構築する支援をしています。

この方法は経営学や知財の理論を中心に組み立てつつベストプラクティスを取り入れて作っていますが、本書で説明した通り、効果が高いことを確認しています。

現在の私は、学術研究や事例を元に実践する仕組みを作っています。理論通りやれば、効果があることが分かるようになり、適用方法もベストなものを選べるようになりました。ありがたいことに、最近ではクライアントにも恵まれており、経営者、技術者との共同を通じて結果を出せています。


共同で事を成し遂げると言えば、歴史が思い出されます。

古くは、「項羽と劉邦」の劉邦（漢の高祖）には張良や韓信、「三国志」では劉備玄徳に諸葛孔明、
秀吉には半兵衛と官兵衛、日本海海戦では秋山真之という軍師が描かれています。

彼らは書によって学び、実践方法を考案することで主を英雄にしました。

英雄達は軍師を大いに活用して天下統一と平和を成し遂げたことが知られています。

それらの歴史を紐解けば分かりますが、軍師不在・軍師不活用の英雄は小さく終わります。一方、軍師をうまく活用する英雄は事を成し遂げます。

比較になるかは分かりませんが、同じ事は、現在の企業経営にも言えると思います。
経営者、技術者、コンサルタントにはそれぞれの役割があるように感じています。
帝王学的資源配分を現実にするのが経営者の役割、
自然科学的・理論的に起こることを現実にするのが技術者の役割、
経営学的・知財的理論を現実に適用するのがコンサルタントの役割です。

それぞれの役割を果たすことで結果を出す仕事は、大変素晴らしいものだと感じています。

本書は、私の拙い経験をまとめたものに過ぎず、研究開発と知財という成熟メーカーの経営の一分野を取り上げたものに過ぎません。一方、経営者の仕事は、研究開発や知財に留まらず、その他の領域は膨大にあります。

それぞれの領域で高収益の仕組み作りをすることが必要ですが、自分でやるのか、社員やコンサルタントにさせるのか、経営者にはその選択が可能です。

選択には結果が伴います。そして、結果は常に複利的なものです。

雪だるまを転がせば転がすほど大きくなるように、はじめに効果的なことをすれば、その効果は雪だるま式に増えていくのです。

このような雪だるま式な効果を意識した、迅速かつ正しい資源配分には、経営者ごとに最適なものがあるでしょう。

どんな選択をするにせよ、目的は高収益化による会社の発展的存続です。本書が研究開発と知財の仕組み作りの羅針盤となり、読者が仕組み作りに成功することを願っています。

謝辞

本書は、拙いながらも経営者としての経験がなければ書けなかった内容です。私の経営者としての経験を作って下さったのは、黒須豊先生（株式会社スクウェイブ・代表取締役社長）、杉村浩二先生（同・執行役員）です。お二人に感謝申し上げます。

また、多喜義彦先生（システムインテグレーション株式会社代表取締役社長）は、弁理士になりたての私に機会を与えてくれ、指導して下さいました。感謝申し上げます。

村井啓一先生（元キヤノン材料研究所長）とは、技術経営に関する実務をご一緒させていただき、私は数多くの気づきをいただいています。先生との交流により多くの刺激を受けており、本書にも大きな影響がありました。感謝申し上げます。

丸島儀一先生（元キヤノン専務・知財法務本部長）には、通称「丸島ゼミ」のゼミ生として幅広くご教授頂きました。駆け出し弁理士だった私が技術経営に関心を持つきっかけを作って頂きました。感謝申し上げます。

守秘義務の関係上、記載できませんが、本書にご登場いただいたA社、B社、その他関係者の方に御礼申し上げます。更なる高収益化を心より願っております。

読者プレゼント

本書の最後に読者の方にプレゼントがあります。

本書は、技術系の経営トップ向けに執筆しました。

読者の方は自社の高収益化にご関心があると思いますが、多くの社員を巻き込まなければならず自分一人が理解するだけでは難しいと感じられる場合もあるでしょう。そのため、関係者に理解させたい方もおられると思います。

そこで、読者の方に限定して、私の主催するセミナーに関係者（自社社員）を1名無料でご同伴いただけるクーポンコードをプレゼント致します(参加するご本人は有料ですが、同伴される方が無料になるものです)。

検索キーワード「キラー技術開発法」
URL　https://innovest.jp/events/
クーポンコード　arari90%

※株式会社如水の主催セミナー（キラー技術開発法セミナー）に限ります。
※株式会社如水がセミナーを開催する限りクーポンの有効期限はありません。

著者　中村大介（なかむらだいすけ）

キラー技術創出コンサルタント・弁理士

成熟ものづくり企業の新商品・新事業を粗利50％以上の高収益にするノウハウでクライアントを支援し実績を上げている。

中には、ほとんど手間をかけずに、粗利90％以上の事業と優良な知財を両立させるクライアントも輩出するなど、超効果的なR＆Dを実現するノウハウには定評がある。

NEC退職後にベンチャー企業を設立。粗利9割超の高収益ビジネスを実現したものの、その事業が模倣されたことをきっかけに弁理士に。

弁理士としての業務の傍ら、企業業績と研究開発のあり方について調査研究。企業の業績を高めるのは知財の件数ではなく質であることに気付き、研究開発の質を高める方法を体系化。「キラー技術開発法」としてまとめる。

以後、コンサルタントとしての活動を開始。現在では技術と知財の専門家として数多くの企業経営者を支援している。

専門は高収益技術経営。

弁理士、北海道大学卒業、東京大学大学院修了

参考文献

マイケル・ポーター他「マイケル・ポーターの競争戦略」早川書房　２０１２年
クレイトン・クリステンセン他「イノベーションの最終解」翔泳社２０１４年
クレイトン・クリステンセン他「ジョブ理論」
　　　　　ハーパーコリンズ・ジャパン２０１７年
丸島儀一「知的財産戦略」ダイヤモンド社２０１１年
伊丹敬之「教科書を超えた技術経営」日本経済新聞出版社　２０１５年
稲葉清右衛門「黄色いロボット」大手町ブックス１９９１年
村田朋博「電子部品 営業利益率20％のビジネスモデル」
　　　　　日本経済新聞出版社２０１６年
村田朋博「電子部品だけがなぜ強い」日本経済新聞出版社　２０１１年
稲盛和夫「高収益企業のつくり方」日本経済新聞社出版局２００５年
高杉康成「超高収益商品開発ガイド」日本経済新聞出版社　２０１３年
日経ビジネス「孤高の製造業ファナック」２０１５年６月８日号
日経ビジネス「富士フィルム、古森重隆、本業を培養する」
　　　　　２０１５年７月２０日号

小社 エベレスト出版について

「一冊の本から、世の中を変える」―― 当社は、鋭く専門性に富んだビジネス書を、世に発信するために設立されました。当社が発行する書籍は、非常に粗削りかもしれません。熟成度や完成度で言えばまだまだ低いかもしれません。しかし、

・リーダー層に対して「強いメッセージ性」があるもの
・著者の独自性、著者自身が生み出した特徴があること
・世の中を良く変える、考えや発想、アイデアがあること

を基本方針として掲げて、そこにこだわった出版を目指します。

あくまでも、リーダー層、経営者層にとって響く一冊。その一冊から経営が変わるかもしれない一冊。著者とリーダー層の新しい結び付きのきっかけのために、当社は全力で書籍の発行をいたします。

経営トップの技術戦略と知財戦略

高収益企業を創る「キラー技術開発法」による戦略思考

定価：本体2、800円（税別）

2019年9月20日　初　版　印刷
2019年9月26日　初　版　発行

著　者　中村大介（なかむらだいすけ）
発行人　神野啓子
発行所　株式会社　エベレスト出版
〒101-0052
東京都千代田区神田小川町1-8-3-3F
TEL　03-5771-8285
FAX　03-6869-9575
http://www.ebpc.jp

発　売　株式会社　星雲社
〒112-0005
東京都文京区水道1-3-30
TEL　03-3868-3275

印　刷　株式会社 精興社　　装　丁　MIKAN-DESIGN
製　本　株式会社 精興社　　本　文　北越紀州製紙

ⒸDaisuke NAKAMURA 2019 Printed in Japan

ISBN 978-4-434-26564-8

乱丁・落丁本の場合は発行所あてご連絡ください。送料弊社負担にてお取替え致します。

本書の全部または一部の無断転載、ダイジェスト化等を禁じます。